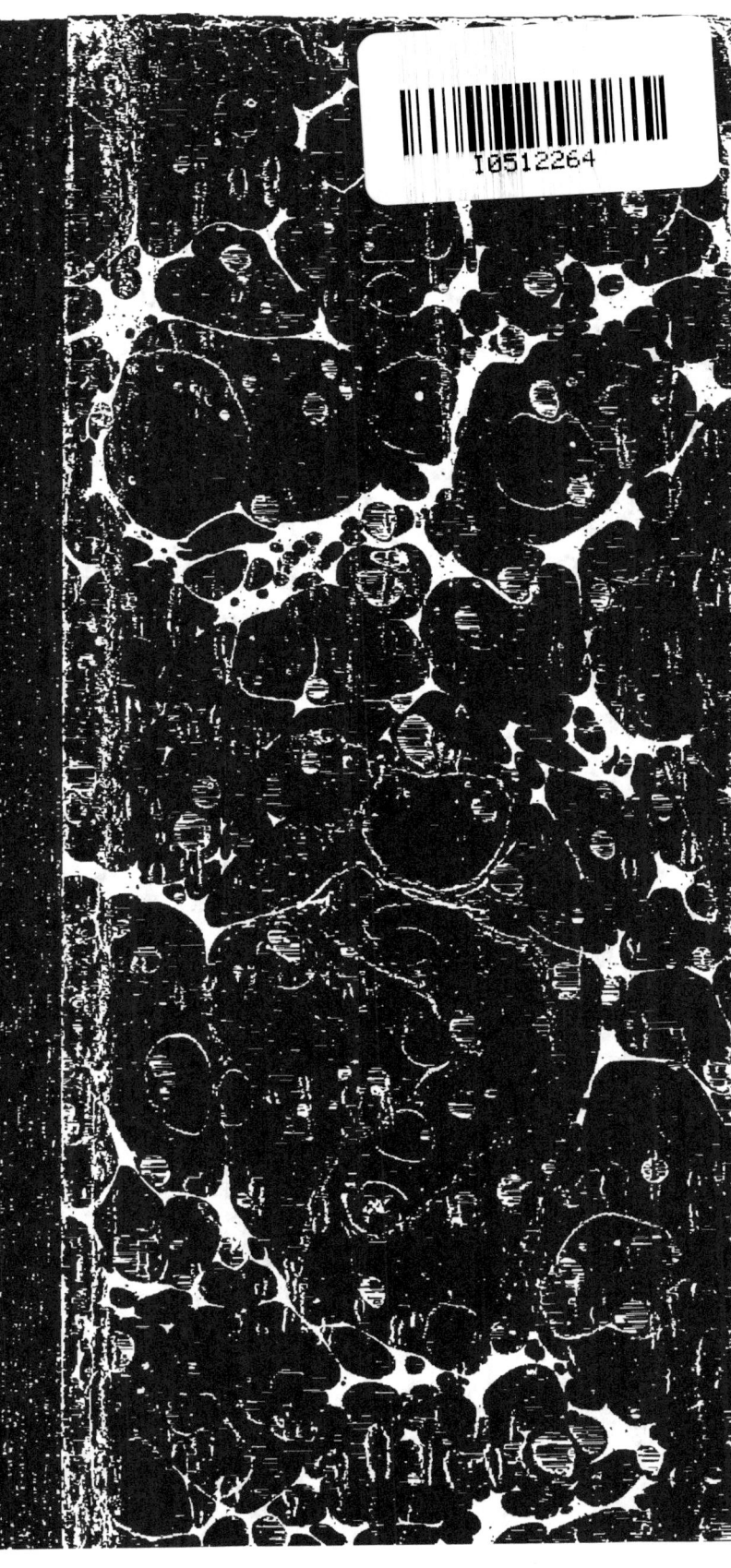

HISTOIRE ANECDOTIQUE
DES
MARIONNETTES
MODERNES

PAR

LEMERCIER DE NEUVILLE

AVEC UNE PRÉFACE DE

JULES CLARETIE

De l'Académie française.

PARIS

CALMANN LÉVY, ÉDITEUR

RUE AUBER, 3, ET BOULEVARD DES ITALIENS, 15

A LA LIBRAIRIE NOUVELLE

1892

HISTOIRE ANECDOTIQUE

DES

MARIONNETTES MODERNES

HISTOIRE ANECDOTIQUE
DES
MARIONNETTES MODERNES

PAR

LEMERCIER DE NEUVILLE

AVEC UNE PRÉFACE DE
JULES CLARETIE
De l'Académie française.

SIX DESSINS DE L'AUTEUR
ET
LE PLAN D'UN THÉATRE DE MARIONNETTES

PARIS
CALMANN LÉVY, ÉDITEUR
RUE AUBER, 3, ET BOULEVARD DES ITALIENS, 15
A LA LIBRAIRIE NOUVELLE
—
1892
Droits de reproduction et de traduction réservés.

PRÉFACE

A M. LEMERCIER DE NEUVILLE

HISTORIEN des *Marionnettes*.

Mon cher ami,

Je vous ai promis de vous dire et de dire au public ce que je pense du livre, tout particulier et très original, dont vous m'envoyez les *bonnes feuilles*. C'est une préface que vous voulez et vous croyez qu'il est piquant de savoir ce que l'administrateur de la Comédie-Française peut penser des marionnettes.

Je les ai toujours beaucoup aimées. Au temps jadis, j'ai raconté dans le *Diogène* — un vaillant petit journal que vous avez connu — comment, encore collégien et, les jours de sortie, je faisais jouer *Ruy Blas*, alors interdit, par des acteurs minuscules sur un petit théâtre de marionnettes acheté passage Jouffroy. J'avais pour spectateurs des collégiens du voisinage et des fillettes amies de ma sœur, parmi lesquelles une jolie enfant à la chevelure rousse — un Titien de huit ans — qui est devenue depuis une des reines de notre Paris républicain. Je ne me doutais guère alors que je jouerais, sur un autre théâtre — et quel théâtre! — ces drames de Victor Hugo que je savais par cœur et qui, sur la scène comme au collège, étaient, pour notre génération, du fruit défendu.

J'aimais donc, par instinct, et le théâtre et les marionnettes. Et comment ne pas les aimer? La marionnette, c'est l'acteur modèle. Le plus grand comédien, comme le plus grand homme, a des pieds d'argile. Vos *Pupazzi* n'ont point ce défaut, et pour la meilleure des raisons, c'est qu'ils n'ont point de pieds. Mais ce n'est pas parce que les marionnettes me semblent très près de la perfection que je les aime; elles auraient tous les défauts de notre humanité que je les adorerais encore. Je suis un peu de l'humeur de Charles Nodier, dont le fameux article sur *Polichinelle,* inséré dans le *Livre des Cent et Un* serait pour votre volume la plus charmante des préfaces : c'est dans cette étude narquoise et érudite que l'auteur des *Sept Châteaux du Roi de Bohême* raconte cette anecdote tant de fois répétée depuis, l'histoire de ses rapports intimes avec François de Neufchâteau, son ministre, et Polichinelle, son ami. « L'incomparable ministre dont j'ai eu l'honneur d'être le secrétaire particulier, dans le temps où les ministres répondaient encore aux lettres qui leur étaient écrites, se plaignant un jour de mes inexactitudes régulières, j'essayai de m'excuser comme un écolier, par le plaisir que j'avais pris à m'arrêter quelque temps devant la loge de Polichinelle : « A la bonne « heure ! me dit-il en souriant, mais com- » ment se fait-il que je ne vous y aie pas ren- » contré ? »

— Mot sublime, dit Nodier, et qui révèle une immense portée d'études et de vues politiques.

Mot admirable, ajouterai-je, et qui a un pendant, celui que me dit, à moi-même, un autre collaborateur de François de Neufchâteau, Victor Hugo, le grand poète en personne, me rencontrant à Bordeaux, au mois de mars 1871, planté devant des danseurs de cordes, non loin de la

a.

statue de Montaigne, et me jetant cette interrogation en désignant du doigt les acrobates :

— Alors, cher ami, ce n'est pas seulement à l'Assemblée nationale que vous étudiez les hommes politiques?

Ce qui prouve, soit dit en passant, que Victor Hugo s'arrêtait aussi devant les danseurs de cordes et se fût probablement arrêté, comme Nodier, son ami, devant un théâtre de marionnettes.

J'ai toujours aimé ces petits théâtres en plein vent, où entre trois lambeaux de toile, le drame éternel et la comédie humaine se jouent depuis des siècles devant le plus naïf et le meilleur des publics, l'adorable public des petites têtes blondes, celui qui vient là pour s'amuser, sans souci des formules nouvelles et des écoles.

Comme si, depuis que le monde est monde, le cœur humain avait changé de place et la marionnette humaine modifié ses vices et ses vertus d'après *l'évolution* du moment ou des évolutions successives!

Il y a quinze jours, mon cher ami, je visitais Madrid et, les théâtres qui ont des *saisons* étant fermés, je suis allé passer une soirée au seul théâtre qui soit éternel : au théâtre de Guignol.

PRÉFACE.

C'est un petit théâtre comme ceux de nos Champs-Élysées, établi, entre quatre planches, sur la plus belle promenade de la ville, au Prado, à deux pas du Musée où Velasquez triomphe et à quelques mètres de la colonne du *Deux Mai* qui rappelle fièrement le patriotisme espagnol. Guignol est là, toujours glorieux et je l'ai retrouvé, en plein air madrilène à peu près tel que je l'avais vu à Lyon, dans le caveau de la place des Célestins. Et, savez-vous ce qu'il jouait aux petits Espagnols, le Guignol de Madrid que j'écoutais avec une attention toujours curieuse? Il jouait une pièce que je connaissais bien, qui divertissait les enfants du Prado comme elle amuse les enfants parisiens, quand je la donne : — la bonne grosse farce de Molière, *Monsieur de Pourceaugnac* tout simplement, *Monsieur de Pourceaugnac* arrangé pour la petite scène, *adapté* aux nécessités du Guignol et le *Gallego* qui faisait rire les niños, là-bas, sous la claire nuit d'Espagne, n'était autre que notre pauvre gentilhomme *limosin* dont s'est tant moqué le grand comique.

Qui sait? Molière a peut-être emprunté plus d'un sujet aux marionnettes où son grand-père le conduisait d'abord, comme, plus tard, aux parades du Pont-Neuf : il est tout naturel que les marionnettes, à leur tour, lui empruntent ses comédies et changent en bons rires castillans ses éclats de rire gaulois.

Et pendant que le Guignol de Madrid me ramenait, par la pensée, à la rue de Richelieu et à la Maison de Molière, je songeais aussi à vous, à vos *Pupazzi*, à ce théâtre que vous avez fondé — avec quelques sociétaires en bois — et qui nous a tant divertis, aux heures de notre jeunesse. Vous en écrivez aujourd'hui l'Histoire, — avec celle d'autres théâtres similaires, comme celui du bon romancier Duranty et de Maurice Sand — et vous avez raison. Votre livre, qui complète si joliment les travaux de Charles Magnin, amuserait le grand Gœthe et l'auteur de *Wilhelm Meister* dicterait tout de suite après l'avoir lu quelque bel éloge à Eckermann. Il retrouverait sa passion dans la vôtre; il applaudirait à vos *Pupazzi*.

Moi, qui ai vu naître votre théâtre, je ne puis songer sans un peu de mélancolie à tous ceux de vos acteurs que j'ai déjà vu mourir. Il y a, dans la gaieté charmante dont vous contez la fondation et les vicissitudes de votre scène, un fond inévitable de mélancolie. C'est encore une *Revue* — et vous en avez écrit plus d'une avec un esprit acéré, de ces revues aristophanesques où la verve est piquante sans être méchante ; — c'est une revue, mais quelque chose aussi comme la *Revue nocturne*, une revue d'ombres et de disparus, les compagnons, les amis ou les maîtres de nos vingt ans réapparaissant, riant et chantant, pour disparaître encore et pour toujours, contemporains devenus fantômes...

Où sont-ils, vos acteurs, si drôlement découpés et si curieusement animés, apparus, un soir, sous les arbres du jardin de Carjat? Hugo, Rossini, Michelet, Gambetta, Pierre Dupont, Paul Féval, Villemessant, About, Banville, Monselet... Que de morts! Et quel cimetière que la mémoire d'un homme!

Je les revois. Ils revivent dans votre livre, dans vos vers et dans vos chansons, tels qu'ils étaient quand ils riaient de se voir eux-mêmes, face à face avec ces *homunculi* qui étaient leurs propres images et parodiaient leurs gestes, leurs mouvements et leurs paroles. Oh! comédie, comédie humaine!

> Les petites marionnettes
> Font trois tours et puis s'en vont !

Elles s'en sont allées, elles ne sont plus là,

les marionnettes de vos débuts. Il en est qui sont devenues des statues. Vous les aviez faites de bois; la postérité — qui vient si vite! — les a faites de bronze ou de marbre. Mais peut-être sont-elles plus *elles*, plus vraies et plus vivantes, dans votre Panthéon satirique, dans ce petit théâtre des *Pupazzi*, qui est aujourd'hui comme une rieuse vallée de Josaphat.

C'est là qu'on va les retrouver et on prendra plaisir à lire ces curieuses pages de *Mémoires* que vous nous donnez aujourd'hui, sans prétention, avec une bonne grâce exquise et une verve de fin conteur d'autrefois, de bon journaliste point pessimiste et point prédicant. Votre livre, qui est unique, sera certainement très lu et restera comme un document spécial dans l'histoire du théâtre. Vous aviez mis le théâtre en liberté bien avant le *Théâtre Libre*. Vos marionnettes ont précédé les artistiques et attirantes ombres chinoises parisianisées qui nous ont révélé *l'Épopée* et *la Marche à l'Étoile*. Vous avez créé ou rajeuni un genre et de ces *statues mobiles par des nerfs*, dont parle Hérodote, vous avez fait des contemporains en chair et en os, si je puis dire. Puis, après la joie d'avoir inventé un théâtre, vous avez le juste désir d'en conter la chronique. Encore un coup, c'est un document mais non un testament. Ce sont là vos *Victoires et Conquêtes*, ce n'est pas votre *Mémorial de Sainte-Hélène*.

Bonne chance donc à votre *Histoire anecdotique des Marionnettes modernes*, mon cher ami, et bonne chance encore et toujours à votre théâtre, à vos *tournées* qui ne nuisent pas à vos spectacles parisiens — au contraire. — Et pourquoi la vogue et le succès vous abandonneraient-ils jamais? Votre répertoire est infini; vous écrivez sous la dictée des événements et votre satire est éternelle, autant du moins qu'il y a quelque chose d'éternel dans nos destinées. Dans un des banquets de Xénophon — pardonnez-moi la citation, je vous prie — Socrate demande à un montreur de marionnettes comment il peut se tirer d'affaire dans une profesion si spéciale : « Mais, répond au philosophe votre prédécesseur, — plus philosophe que Socrate ce jour-là, et aussi philosophe que vous, — la folie des hommes est pour moi un fond inépuisable de richesses et je suis sûr de remplir ma bourse en faisant remuer quelques morceaux de bois! »

C'est ce que vous faites en remuant aussi

la plume que vous trempez prestement dans l'encrier.

Tous mes compliments, mon cher camarade et mes compliments multiples : au directeur, à l'historien — à l'auteur et à ses marionnettes. Elles ont beau être de bois, elles ne seront pas insensibles à un éloge. Elles ne seraient pas — sans cela — des comédiennes et des comédiens ! Et ne sommes-nous pas tous des comédiens, sans le vouloir ?

Tout à vous encore une fois.

JULES CLARETIE.

Viroflay, Dimanche 13 septembre.

HISTOIRE ANECDOTIQUE

DES

MARIONNETTES
MODERNES

PREMIÈRE PARTIE

I

INTRODUCTION. — Noms des marionnettes dans tous les temps et dans tous les pays.

Qu'ils soient mus par des fils ou animés par les doigts, vous les connaissez tous, ces petits pantins de bois, de carton, de chiffons, aux couleurs voyantes, aux habits pailletés, aux faces grotesques, qui vous ont fait rire avant vos enfants et qui feront rire éternellement grands et petits : ceux-ci applaudissant la liberté de leur parole, ceux-là se réjouissant de leurs mouvements variés et comiques.

La baraque de Polichinelle est en effet un spectacle pour tous les âges et toutes les conditions. Personne n'a rougi, en s'asseyant, aux Champs-Élysées, à côté des petits garçons et des petites filles, sur les banquettes de ce théâtre lilliputien. Il eût pu, — celui-là qui eût craint le ridicule, — avoir pour voisin Charles Nodier, qui manquait son bureau pour assister à ce spectacle ; Charles Magnin, un membre de l'Institut qui a écrit leur histoire ; Charles Monselet, l'apologiste de Guignol, Gérard de Nerval, Théophile Gautier, George Sand, Duprez... et combien d'autres ! Que de théâtres n'ont pas eu d'aussi illustres spectateurs !

Et si je remonte plus haut, je trouverai pour patroner ces fantoches : Platon, Aristote, Horace, Apulée, puis Shakespeare, Cervantes, Molière, Voltaire, Gœthe, Byron et bien d'autres qui pourront me fournir des citations pendant le cours de cette étude.

Vous n'attendez pas sans doute de moi un travail de recherches historiques comme le livre de M. Charles Magnin, qui a retrouvé la marionnette dans les statues mobiles des Égyptiens et qui la suit pas à pas dans ses diverses transformations ou assimilations à travers les siècles en remontant jusqu'à nous. Cependant, comme c'est l'histoire la plus complète des marionnettes qui ait été faite jusqu'à ce jour, je serai obligé de lui emprunter les renseignements nécessaires à la partie historique de cette étude et je les abrégerai de façon à ne point la rendre ennuyeuse.

Avant tout, il me semble indispensable que vous connaissiez leurs noms dans tous les temps et dans tous les pays.

En Grèce, au temps d'Euripide et de Ménandre elles s'appelaient *Neuropasta* (νευροπαστα). Le montreur de marionnettes était un névropaste, allant de ville en ville, comme aujourd'hui. On a même conservé le nom d'un des plus renommés : Il s'appelait Pothin. Il n'y a pas de petite gloire!

A Rome, autrefois, elles avaient plusieurs désignations : *Pupæ, Sigillæ, Sigilliolæ, Imagunculæ Homunculi.*

En Italie, en 1350, on les nommait *magatelli*. De *magatelli* à *bagatelli*, — bagatelles, — il n'y a qu'un changement de labiale. Mais à la fin du xive siècle, un acteur de la troupe des Gélosi, *Burattino*, avait une figure si bouffonne que tous les *Bagatellieri* s'emparèrent de son masque et de son nom; de là le nom de Burattini qui, aujourd'hui encore, sert à désigner les marionnettes italiennes mues par des fils.

Les marionnettes des places publiques, muès par les doigts, se nomment *Puppi*. L'appellation de *Pupazzi*, que je me suis appropriée, n'est qu'un diminutif de ce nom et n'est pas employée en Italie.

Pour désigner les deux genres de marionnettes on se sert du mot : *Fantoccini*. Quant au mot *Castelletti*, il s'applique surtout à la baraque en plein vent, au castelet, dans lequel on les fait mouvoir.

L'homme qui fait mouvoir ces différents pantins a nom : *Operante*.

En Espagne, nos petits comédiens de bois ont nom : *Titérès*, l'*operante* devient un *titerero*. On dit aujourd'hui *titiritero* et la baraque prend le nom de *castillo*.

En Portugal, les *Titérès* se changent en *Titirès* et même souvent en *Bonifratres*.

En Angleterre, au xviie siècle, elles se nommaient *Mammet*, *Droll* puis *Motion*, c'est-à-dire « mouvement »; mais le nom réel et qui est conservé jusqu'à nos jours est *Puppet* (poupée). Nous retrouvons là la *Puppa* latine et les *Puppi* italiens. Le *Puppetschow* est à la fois le nom du montreur de marionnettes et de son théâtre. La pièce jouée s'appelle *Drollery* (farce).

En Allemagne, on trouve dès le xiie siècle les noms de *Tocha* ou *Docha* et, un siècle après, ceux de *Tokke Spiel* ou *Doche Spiel*, encore employés aujourd'hui dans certains endroits.

Mais le nom le plus répandu est *Puppe* et les operanti deviennent des *Puppenspieler*. *Marionetten* est aussi très employé.

En France enfin, le mot marionnette vient évidemment de *Marie*, nom donné par extension aux statuettes de la Vierge et par corruption et raillerie sans doute, ce nom de Marie s'est métamorphosé en *Marotte, Mariote, Mariette, Marion* puis enfin *Marionnette.*

On a aussi fait remonter jusqu'au latin l'étymologie du mot marionnette. Le mot *morio, moriones* au pluriel, cité par Pline le Jeune et Martial signifiait : idiot ou contrefait, grimacier, fou, bouffon, servant à amuser les convives après les repas. Or, avec un simple changement de voyelle, *moriones*, les bouffons, les grimaciers, et par extension les poupées grimacières ont pu se changer en *mariones* et enfin en marionnettes.

Guignol, nom d'un personnage des marionnettes lyonnaises, s'emploie aujourd'hui pour désigner les pantins mus avec les doigts.

I

HISTOIRE ABRÉGÉE DES MARIONNETTES depuis Louis XIV jusqu'à nos jours. — Le spectacle des Pygmées, des Bamboches. — Le théâtre des grandes marionnettes étrangères. — Pierrot Romulus. — Les marionnettes valmondoises. — La foire Saint-Laurent. — Polichinelle comte de Paonfier. — Les comédiens praticiens français : Fourré, Nicolet, Bienfait. — Les grandes marionnettes. — Les Fantoccini italiens et français. — Les Porenquins. — Le théâtre des Pantagoniens. — Le théâtre des Lilliputiens.

Nous ne voyons aucune trace des marionnettes en France avant le commencement du règne de Louis XIV. Brioché et Daitelin divertissaient les enfants de France à la foire Saint-Germain en 1669. Ils eurent bientôt des concurrents; on a consacré leurs noms : ils s'appelaient : Archambault, Jérôme, Arthur et Nicolas Féron et François Bodinière. En 1676, un nommé Lagrille établit le spectacle des *Pygmées* qui devint l'année suivante celui des *Bamboches*. En 1697, c'est un nommé Alexandre Bertrand, maître doreur, qui installe ses marionnettes à la foire Saint-Laurent. On le retrouve en 1705 à la foire Saint-Germain, avec d'autres concurrents Tiquet, Gillot, Dolet et Laplace.

A cette époque, les entrepreneurs de spectacles forains, grisés par le succès, voulurent remplacer les marionnettes par des acteurs réels parlant et chantant, mais l'*Opéra*, les *Comédiens Français* et les *Italiens*, qui étaient privilégiés, s'y opposèrent et, pour tourner la difficulté, les forains inventèrent successivement :

Le vaudeville ;

La pièce monologuée où l'acteur principal parlait pour lui et pour les autres ;

La pièce à la muette ;

La pièce à jargon ;

La pièce à écriteaux ;

Et la pièce où des gagistes mêlés au public chantaient pendant que l'acteur mimait.

Ces subterfuges durèrent jusqu'en 1722, époque où Francisque, Lesage, Fuzelier et d'Orneval, quatre hommes d'esprit, tournèrent le veto et imaginèrent d'écrire des pièces (opéras-comiques) pour le théâtre des *Grandes Marionnettes étrangères*, dont Laplace était le directeur.

Ce fut le berceau de l'*Opéra-Comique*. De vrais chanteurs et chanteuses cachés dans les coulisses, chantaient les rôles pendant que les marionnettes exprimaient par gestes ce qu'elles ne pouvaient dire ni chanter.

Une pièce entre autres : *Pierrot Romulus*, parodie du *Romulus* de Lamotte et Lesage, y eut un succès si prodigieux que jamais on ne vit et que jamais probablement on n'en verra un pareil. On fut obligé de tripler les rôles et encore les artistes étaient-ils exténués.

Le public assiégeait le théâtre depuis dix heures du matin jusqu'à deux heures après minuit. La police dut avoir cette tolérance de crainte d'émeute.

En 1862, le ténor Duprez, sous le nom de *Marionnettes valmondoises* ressuscita ce genre qui eut un grand succès dans les salons.

En 1726, un Anglais, John Riner, construit une salle dans le Jeu de Paume de la rue de Monsieur-le-Prince, pour y exhiber des danseurs de corde. Il y joint bientôt des marionnettes, et Fuzelier, Lesage et d'Orneval lui font des pièces. Pendant ce temps, Bienfait s'établissait à la foire Saint-Laurent.

En 1732, Favart, le créateur de l'*Opéra-Comique*, donne au théâtre des Marionnettes son premier opéra comique : *Polichinelle comte de Paonfier*, parodie du *Glorieux* de Détouches.

En 1740, les marionnettes furent jouées par Fourré et Nicolet, père du fameux Nicolet du boulevard du Temple, mais, à partir de ce moment, elles déclinèrent à ce point que Bienfait, pour ramener le monde, les changea de nom et les appela : « *Les Comédiens praticiens françois* ». Le nom de *praticiens* venait évidemment de la pratique de Polichinelle. Avec cette nouvelle appellation, l'esprit et la malice des marionnettes disparut, on les perfectionna et le spectacle ne fut plus que pour les yeux. Elles devinrent des automates. Des concurrents surgirent aussitôt : c'est un Polonais nommé Toscani, à la foire Saint-Germain et un nommé Prévost, rue de la Lingerie. Mais le glas était sonné et Bienfait vit vendre sa loge de la foire Saint-Germain, par autorité de justice, le 14 décembre 1750.

Abrégeons, car cette nomenclature est très ingrate.

Fourré fils succéda à son père et céda ensuite sa loge à Nicolet fils, le célèbre Nicolet dont la devise était : « De plus fort en plus fort! » En 1769, Audinot, auteur et chanteur, monte à la foire Saint-Germain les *Grandes Marionnettes*. Ses comédiens en bois étaient des portraits fort ressemblants de ses anciens camarades de l'Opéra-Comique : Laruette, Clairval, madame Bérard et lui-même. Il les appelait des *Bamboches*. L'année suivante il appela son théâtre *Ambigu Comique* et remplaça ses marionnettes par des enfants.

En 1776, on vit à la foire Saint-Ovide les Fantoccini italiens et les Fantoccini français qui prirent le nom singulier de *Porenquins*. C'était un nommé Second qui en était le directeur.

Le 28 octobre 1784, *les petits comédiens de M. le comte de Beaujolais*, qui étaient de très grandes marionnettes, ouvrirent leur salle sous la direction de Gardeur et de l'Homel et, peu de temps après, M. Caron montrait au Palais-Royal les fantoccini sous l'ancien nom de théâtre des Pygmées. Enfin, il y eut en 1793, le théâtre des Pantagoniens et l'an VII, celui des Lilliputiens.

Mais la grande vogue des marionnettes était passée.

III

Marionnettes modernes. — A Paris: Guignolet, Bobino, Bambochinet, Gringallet, Le vrai Guignol, Le théâtre Babylas, Le théâtre Bobino, Le théâtre Guignol, Le Polichinelle, Le guignol des Batignolles. — A Lyon : Les guignols de la galerie de l'Argue, de la Place des Célestins et du quai Saint-Antoine. — Répertoire des différents castolliers. — Prix de locations des théâtres de marionnettes. — Leur orchestre. — Leurs recettes.

Où en sont les marionnettes aujourd'hui?

Sans vouloir faire une pointe par trop facile, il y en a un peu partout. Dans chaque casino de ville d'eaux ou de bains de mer il y a un guignol pour les enfants et certaines villes, comme Lyon et Paris, ont des théâtres de ce genre en permanence. A Paris, il y en a dix, ou du moins il y en avait dix en 1874, époque à laquelle s'arrêtent mes notes et dont voici le dénombrement !

« Aux Champs-Élysées *Guignolet*, fondé en 1818 et tenu de père en fils par la famille Guentler; *Bobino*, moins ancien que le précédent, tenu par M. Roger; *Bambochinet*, dirigé par M. Munier-Loyal;

Gringallet du nom d'un célèbre pitre du xviie siècle, que Louis XVI voulut entendre ; enfin le *Vrai Guignol*, fondé en 1836 par M. Pierre Dumont et qui est tenu maintenant par M. Anatole.

Au jardin du Luxembourg, le *Théâtre-Babylas*, tenu par M. Driat, le locataire des chaises, qu'il paye six mille cinq cents francs par an.

A la place des Vosges, le *Théâtre Bobino*, dirigé par M. Pluchard, le prédécesseur de M. Driat, au Luxembourg.

Au square de la rue de Sèvres, le *théâtre Guignol*, directeur propriétaire M. Bara.

A la pelouse du Ranelagh, le *Polichinelle*, tenu par les frères Bienfait.

Enfin le *Guignol des Batignolles*, situé dans un coin de la place de l'Église, près du square, et qui appartient à M. Finot, qui a un autre théâtre de ce genre à Bruxelles.

Il s'en est peut-être créé d'autres aujourd'hui.

A Lyon, il n'y a plus que trois guignols sérieux. Celui de la galerie de l'Argue, celui de la Place des Célestins et enfin, le mieux installé, celui du quai Saint-Antoine, au théâtre du Gymnase, dirigé par Pierre Rousset, qui était situé autrefois rue Port-du-Temple, anciennement appelée rue Écorche-Bœuf.

Je ferai une étude spéciale sur le guignol lyonnais.

Des guignols parisiens, le plus important est celui d'Anatole, qui se fait fort d'avoir vingt voix différentes.

J'emprunte à M. Paul Fontoulieu, qui a fait une petite étude sur les guignols parisiens, les renseignements suivants sur leur répertoire :

« Les théâtres de Marionnettes ont leur *répertoire*, ni plus ni moins que la Comédie-Française ; seulement leurs pièces ne sont pas imprimées, et les droits d'auteur sont inconnus. Les fournisseurs de ces théâtres sont les *castolliers* eux-mêmes, qui se dévalisent entre eux sans le moindre scrupule. Anatole, du *vrai Guignol*, a composé une quarantaine de pièces, dont la plus récente est *le Voyage du Père Cassandre*; Louis Lafage, de *Guignolet*, a fait les *Cancans de Madame Tapachon*, *le Village enchanté*, *les Brigands de la Forêt Noire*, etc., etc.; Charles Laurent, du *Guignol des Batignolles*, est l'auteur de *la Boîte magique*, du *Voyage en Chine*, du *Tour de France*, de *la Caverne des Voleurs*, et des *Misères de Père Cassandre*.

» Les pièces que l'on joue dans presque tous les guignols et dont il serait difficile d'indiquer l'origine sont *la Tentation de Saint-Antoine*, *la Prise de Pékin*, *les Dames de la Halle*, *le Chat de la mère Michel* et bien d'autres encore.

» Quand un directeur de Marionnettes a envie de jouer la pièce d'un théâtre rival, il va tout simplement l'écouter une fois ou deux, s'empare du *scenario* et le tour est fait. Quant au dialogue, il l'arrange à sa manière. C'est là d'ailleurs un détail de peu d'importance.

» Les propriétaires des théâtres de Marionnettes payent à la ville un droit de location du terrain dont le chiffre varie selon les emplacements : aux Champs-Élysées, la location est de six cents francs par an, plus cent francs pour l'Assistance publique, car eux aussi payent un droit des pauvres; à la place des Vosges, Guignol n'a que pour quatre cents francs de location; elle est de trois cent cinquante francs au jardin du Luxembourg, de trois cents francs au square de la rue de Sèvres et de cent soixante quinze francs seulement à la place de l'Église des Batignolles. Le *Polichinelle* du Ranelagh, cent cinquante francs. La construction des baraques, y compris les accessoires, coûte de huit cents à mille francs chacune.

» L'orchestre des théâtres de Marionnettes se compose habituellement de deux pifferari italiens, qui se font payer de quatre à cinq francs chacun par jour, somme énorme pour des établissements où toutes les places sont à deux sous. Mais tous les Guignols ne peuvent pas se donner le luxe d'une musique italienne.

» Les théâtres de Marionnettes ont eu leur temps de prospérité; mais ces beaux jours ont disparu depuis la guerre, pour revenir on ne sait quand. Sous l'empire, ils payaient un droit de location très inférieur à celui d'aujourd'hui, et leurs recettes étaient relativement considérables. C'est alors que le *vrai Guignol*, d'Anatole, faisait une moyenne de cent francs par jour, les autres à l'avenant. Le *Guignol* du jardin des Tuileries, établi en 1866, et dont les pièces ont eu les honneurs de l'impression, a encaissé, le dimanche, jusqu'à quatre cents francs. Que les temps sont changés !... »

IV

Différentes espèces de marionnettes. — Marionnettes automatiques, — avec fils cachés, — avec fils visibles [1], — avec fils invisibles, — de profil avec fils cachés, — mues avec les doigts. — Philosophie du bâton.

Il y a des marionnettes de différentes espèces.

Les unes sont automatiques, c'est-à-dire qu'un moteur caché les anime. Le moteur est tantôt l'eau, tantôt l'aimant, tantôt un ressort ou un caoutchouc. Ce sont des marionnettes que ces petits bonshommes qu'on place sur une table ronde et qui en font le tour en saluant et en agitant les bras et les jambes, ces petits porteurs de journaux qui traînent une voiture, ces singes, joueurs de violon, etc., etc ! cependant ces automates, comme ceux des prestidigitateurs : le pantin qui fait du trapèze, l'arlequin qui sort d'un coffre et remue tête et jambes, le petit pâtissier, etc., se classent plutôt parmi les pièces mécaniques des

---

1. *Lo Spirito Biribis.*

cabinets de physique amusante ou sont considérés comme jouets d'enfant.

Les autres sont mus par des fils cachés dans la marionnette elle-même. Ainsi en 1676, des marionnettes importées d'Italie s'établirent au Marais, sous le nom de *Théâtre des Pygmées* et étaient annoncées de cette façon :

« On verra des figures humaines de quatre pieds de haut, richement habillées et en très grand nombre, représenter sur un vaste et superbe théâtre des pièces en cinq actes, ornées de musique, de ballets, de machines volantes et de changements de décorations, réciter, marcher, *actionner* comme des personnes vivantes, *sans qu'on les tienne suspendues...* »

Évidemment ces marionnettes étaient dans le genre de celles de Bartolomeo Néri.

Cet habile mécanicien avait trouvé un procédé ingénieux qui consistait à établir sur le plancher de la scène des rainures dans lesquelles glissaient les marionnettes soutenues par des supports maintenus perpendiculairement par des contrepoids. L'operante, qui se trouvait sous le plancher, dirigeait alors les personnages dans les rainures et faisait mouvoir les fils invisibles.

Ce système est encore employé de nos jours. J'ai vu à Marseille, à l'époque de Noël, une crèche, où les personnages, modelés en terre glaise et peints, glissaient dans des rainures et faisaient divers mouvements à l'aide de fils de fer dissimulés derrière les membres des personnages.

Un troisième système, employé encore de nos jours dans certains castelets et surtout à Rome par les Burattini du palais Fiano, laisse visibles les fils qui font mouvoir les différents membres des marionnettes. Je reproduis ici le texte même de M. Charles Magnin, qui décrit avec beaucoup de clarté leur ingénieux mécanisme.

« Leur chef, dit-il, est ordinairement de carton; leur buste et leurs cuisses de bois; leurs bras de cordes; leurs extrémités, à savoir : les mains, les jambes et le cou sont de plomb ou garnis de plomb, ce qui leur permet d'obéir à la moindre impulsion sans perdre leur centre de gravité. Du sommet de leur tête sort une petite tringle de fer qui permet de les transporter aisément d'un point de la scène à un autre. Pour dérober aux spectateurs la vue de cette tringle ainsi que le mouvement des fils, on a imaginé de placer devant l'ouverture de la scène, un réseau composé de fils perpendiculaires très fins et bien tendus qui, en se confondant avec ceux qui font agir les pantins déroutent l'œil le plus attentif. »

C'est le système des fameux fantoches de Thomas Holden.

Pour donner aux lecteurs l'idée de ce que l'on peut faire avec ce système, qui est tout pour les yeux, je donne ici le scénario d'un grand ballet que j'ai vu à Cannes, joué par les marionnettes de la troupe Zane, sous la direction de M. Tamagnone. Je vais citer *textuellement* le programme.

LO SPIRITO BIRIBIS

NOUVEAU ET GRAND BALLET FANTASTIQUE

Divisé en 6 actes et 12 tableaux.
Accompagné d'un sextuor d'orchestre dirigé par le maestro Ceruti

PERSONNAGES

L'ESPRIT BIRIBIS.
E CHEVALIER CORNELIO.
LE MARQUIS CALCABRINA.
UN MAGISTRAT.
UN HUISSIER.

ROMBELLO, chef des Guerriers.
UN MOINE, DON MORONE.
BICE, fiancé de Everardo.
EVERARDO.
GENNARO, aubergiste.

Guerriers. — Dames. — Chevaliers. — Pages. — Paysans napolitains. — Paysannes. — Moines. — Furies. — La beauté. — La richesse. — Musiciens napolitains. — Danseurs de caractère. — « Des Esprits » — Napolitains. — Comparses. — Oiseaux de rapine.

La scène figurera dans la province de Naples.

PREMIÈRE PARTIE

Grande maison Royale parée en fête.

SCÈNE PREMIÈRE

Dames et Chevaliers admirant la richesse et le bon goût de la fête. Un élégant Masque arrive apportant la plus grande surprise à tous (c'est l'Esprit Biribis qui a pris des formes séduisantes afin d'attirer dans son pouvoir quelque noble seigneur). On entrelace une danse, laquelle finie, une partie des invités se retirent. Le marquis Calcabrina et le chevalier Cornelio, épris du gentil Masque, se disputent la préférence; elle se décide de prendre pour son chevalier errant le marquis. Cornelio se voyant désabusé dans son espoir et provoqué par la joie du marquis, insiste à demander une satisfaction, mais le marquis Calcabrina le menace d'un soufflet. Cornelio, au comble de l'irritation, lève son poignard et blesse le marquis. Tous voudraient l'arrêter, mais profitant de la surprise des assistants il s'enfuit. Biribis est contente de la dispute qu'elle a occasionnée, et elle montre sa joie, laissant voir les cornes de son élégante coiffure; elle suit Cornelio. Les chevaliers font courage à leur ami Calcabrina et le conseillent de le suivre chez le magistrat pour en avoir une juste vengeance.

SCÈNE DEUXIÈME
Salle du Tribunal.

Le marquis Calcabrina et les chevaliers sont introduits par l'huissier. Il représente le grand magistrat, et le marquis accuse Cornelio de l'avoir blessé. Ses amis témoignent le fait. Le magistrat promet de le faire arrêter. Le marquis et les chevaliers le remercient, et, confiant dans sa parole, ils s'en vont. Par ordre du magistrat, l'huissier appelle Rombello, chef des hommes d'armes, et lui donne des ordres pour l'arrestation de Cornelio; celui-ci promet d'exécuter ce qui lui est imposé, assurant que sous peu il sera conduit en prison.

DEUXIÈME PARTIE

SCÈNE TROISIÈME.

Scène de nuit surprenante, représentant un endroit de sépulture. Ballable fantastique figurée par des chauves-souris. La ballable terminée, Cornelio entre en scène épouvanté en se figurant d'être poursuivi. Il se rencontre avec un ours qui se transforme en homme, qui est l'Esprit Biribis. Cornelio reste étonné. Biribis lui fait connaître qu'il est un esprit surnaturel, et qu'en acceptant son amitié il le protégera, et pour preuve de sa puissance, il évoque un fantôme qui bientôt se change en une jolie femme; Biribis présente la nymphe à Cornelio en lui disant que les amours ne lui manqueront pas, et, après une seconde évocation, survient un autre fantôme qui se change en nymphe riche de perle et d'or, Biribis dit à Cornelio être celle-là, et que la richesse ne lui manquera pas non plus s'il accepte son alliance. Cornelio croyant que tout ce qu'il voit est une illusion, tourne le dos en refusant ce qu'on lui offrait. Biribis voyant l'indifférence de Cornelio aux propositions qu'elle lui a faites, l'abandonne; et, en même temps, Richesse et Beauté disparaissent. Cornelio resta plongé dans une surprise épouvantable; au même instant, il est entouré par les sbires qui étaient sur ses traces, qui l'arrêtent et le conduisent en prison.

TROISIÈME PARTIE

SCÈNE QUATRIÈME
En prison.

Cornelio pense comment il pourrait réparer sa faute. Avec un éclair apparaît Biribis qui dit être venu pour le soustraire de la peine à laquelle on veut l'assujetir. A son commandement, les barreaux de la fenêtre se brisent, il invite Cornelio à sortir par là. Celui-ci exécuté, Biribis le suit.

Les hommes d'armes entrent avec le magistrat pour interroger le prisonnier, mais ne le voyant pas, ils restent surpris. Rombello observe la fenêtre sans barreaux ; il suppose que c'est là le chemin par lequel il a fui, et suivant l'ordre du magistrat, s'apprête ainsi que ses compagnons à le poursuivre, mais au moment où ils se disposent à l'entreprise, avec un éclair, les barreaux de la fenêtre reviennent, les laissant plongés dans la plus grande épouvante.

SCÈNE CINQUIÈME.
Route champêtre avec vue du mont Vésuve au loin.

Biribis suit Cornelio, qui étant en proie à de tristes pensées, et, voyant une sainte image, s'approche, se met à genoux et prie. Biribis, pour le distraire de sa prière, fait apparaître sur le rocher une gentille paysanne. Cornelio, voyant une si rare beauté, supplie Biribis de faire en sorte que cette belle enfant puisse lui appartenir. La vision disparaît, Biribis promet de faire tout son possible afin de le satisfaire et l'invite à le suivre. Cornelio accourt et ils partent.

QUATRIÈME PARTIE

SCÈNE SIXIÈME

Joli village paré en fête avec une auberge.

Des paysans et des paysannes attendent les époux pour leur présenter des fleurs, pendant que plusieurs musiciens napolitains les précèdent; Bice et Everardo s'avancent ainsi que les parents, tous les félicitent, et on exécute la tarentella napolitaine. Celle-ci finie, les époux se retirent suivis de tous les invités. Biribis et Cornelio sortent; celui-ci demande dans quel endroit il se trouve et pourquoi c'est paré en fête. Biribis lui fait comprendre que ces préparatifs ont été faits pour le mariage de la jolie Bice, celle qu'il lui a fait paraître peu avant, et que, s'il suit ses conseils, elle pourra lui appartenir. Cornelio promet de tout entreprendre avec courage, pour qu'il puisse réussir. Biribis se dirige vers l'auberge, appelle l'aubergiste Gennaro, père de Bice, et lui dit qu'ils désirent être logés, et de plus, voudraient se restaurer. L'aubergiste les invite à entrer dans la maison où, à l'instant, ils seront servis. Ceux-ci accourent.

SCÈNE SEPTIÈME

Chambre rustique avec croisée.
(Scène d'un grand effet.)

Biribis et Cornelio tournent par la scène ; dans ce moment se présente Bice par la croisée. Cornelio, en la voyant, la reconnaît pour celle qu'il a déjà vue, et va pour l'embrasser ; mais elle se retire. Cornelio est retenu par Biribis, lequel lui fait entendre que s'il veut la posséder, il est nécessaire qu'il l'enlève des bras de Everardo, et pour le faire, il ne faut pas qu'il perde de temps ; Cornelio accourt avec plaisir, et ils s'empressent de partir. Gennaro apporte les mets à ses hôtes et, ne les voyant plus, il reste surpris ; dans ce moment, on entend intérieurement du bruit. De tous côtés arrivent les conviés de la fête ; ils disent au père qu'on vient d'enlever sa fille. La rumeur augmente de plus en plus ; arrive don Morone, il demande le motif de cette confusion ; en l'apprenant, il s'offre de se mettre à la tête de la « comitive », les invitant à le suivre afin d'enlever des mains des ravisseurs la chère Bice. Tous accourent et le suivent.

CINQUIÈME PARTIE

SCÈNE HUITIÈME
Lieu sombre et montueux.

Cornelio sort à cheval, tenant en croupe l'enfant assoupie ; il demande à Bice où ils iront. Celui-ci lui répond, chez lui, et à la suite d'une de ces évocations, il s'élève au sommet de la montagne un magnifique château. Cornelio, heureux de ce nouveau prodige, se met en route pour arriver plus tôt à l'endroit désiré. En sortant, les paysans reconnaissent de loin les deux chevaliers qui rentrent au château. Don Morone leur assure qu'il serait inutile d'user de la force, puisqu'une puissance surnaturelle protège ces messieurs et se décide d'aller lui-même au ravisseur pour avoir la malheureuse enfant. Everardo veut le suivre ; tous approuvent sa pensée et l'accompagnent du regard jusqu'à ce qu'ils soient rentrés dans le palais.

SCÈNE NEUVIÈME
Étrange vestibule dans l'intérieur du château.

Les Grands s'inclinent devant Biribis, qui leur dit de se préparer pour fêter un nouvel hôte, qui, accompagné de son épouse, vient prendre possession de ce château. Tous accourent au même instant; un page vient annoncer que tout est prêt pour la fête et tous se disposent à lui faire cortège.

SIXIÈME PARTIE

SCÈNE DIXIÈME

Maison royale dans le château avec banquet somptueux.

Cornelio invite Bice à s'asseoir à son côté, et cherche en vain de la consoler. Biribis et les Grands se tiennent à leur entour prêts à leur moindre signe; on exécute un ballet très varié, lequel terminé, Cornelio ordonne qu'on présente à sa belle les dons les plus précieux, ce qui est fait, mais elle refuse tout.

Un page annonce l'arrivée d'un moine et d'un jeune homme qui désirent être présentés aux époux; en entendant ceci, Bice ne sait quoi penser. Elle craint et espère en même temps. Biribis, à une telle annonce frémit, et dans le frémissement laisse sortir les cornes. Cornelio est indécis; il ne sait quoi résoudre. Bice le prie de les écouter, lui ne pouvant résister à ses prières, se tourne vers Biribis et lui dit qu'il veut entendre les deux qui demandent audience. Biribis, ne pouvant refuser ce qu'on lui demande, ordonne qu'ils soient introduits, et se retire. Everardo, en entrant, se jette dans les bras de son épouse. Don Morone qui le suit, supplie Cornelio de s'émouvoir de sa faute; à cette scène, Cornelio reste immobile et reconnaît son erreur, et, ensuite, sur les prières de don Morone, il prend la résolution de réunir Bice à son époux, puis il s'abandonne dans les bras de don Morone qui le prie de le suivre et d'abandonner ce lieu fatal.

SCÈNE ONZIÈME
Hermitage à la nuit.

Les moines vont à la prière. Don Morone entre et leur fait voir Cornelio comme un pénitent qui vient chercher son pardon dans ce lieu de paix.

Biribis, qui suivait Cornelio, le rejoint et tente de s'emparer de lui; mais les moines l'entourent et le conduisent au Temple. Sonne minuit. Don Morone maudit l'esprit; celui-ci frémissant et reculant s'engloutit. Le moine étend les bras au ciel en acte de grâce pour le triomphe obtenu.

SCÈNE DOUZIÈME

Surprenant coup de scène représentant le baratre infernal, où vient entraîné au milieu des démons l'esprit Biribis. — Le fond du baratre s'ouvre et laisse voir une gloire céleste au milieu de laquelle on voit Cornelio repentant avec don Morone. Une couronne d'anges les entoure avec feux de Bengale de couleurs variées, et termine la fantastique représentation.

Un quatrième système moins compliqué que les précédents a été employé par moi à l'origine des Pupazzi dont je parlerai ultérieurement. Le personnage était peint sur une planchette de bois léger, les bras seuls étaient mobiles. Les deux tiers seulement du corps étaient visibles, car la marionnette était tenue à la main ; les fils dissimulés par les membres étaient mus par les doigts de l'operante. Ce système, qui n'est autre que celui des pantins de carton qu'on trouve dans le commerce, avait de grands défauts. D'abord la marionnette ne pouvait se retourner, puisqu'il n'y avait qu'une face de peinte, puis les gestes étaient forcément les mêmes, ce qui donnait une grande monotonie à l'action. J'y ai renoncé bien vite.

Le dernier système, le plus simple, le plus naïf et que pourtant je mets bien au-dessus de tous les autres est celui qui consiste à tenir la marionnette avec les doigts. Système conservé par les Guignols de Lyon et par tous les Castelets de France et les *Puppi* d'Italie.

Jamais une marionnette mue par les fils n'arrivera à la vérité du geste, à l'expression, à l'imitation de la vie comme les Guignols ! Elle a peut-être des gestes plus exacts, mais ses mouvements sont toujours automatiques.

Les fantoches de Thomas Holden étaient certainement des merveilles de précision et je suis loin d'en nier la valeur, mais ils s'adressaient aux yeux et non à l'esprit. Leur perfection même est une faute à mes yeux. On les admirait, on n'en riait pas, Ils étonnaient et ne charmaient pas. Ils étaient muets d'ailleurs, défaut auquel on aurait pu remédier, mais quel dialogue vif et animé aurait-on pu mettre dans la bouche de ces pantins dont les gestes étaient réglés et qui manquaient de physionomie.

Somme toute, mon avis est que dans les marionnettes mues par un système, *on sent le fil* tandis que dans le Guignol on ne sent pas les doigts.

Pour faire mouvoir un personnage de Guignol, on met le médius dans une manche, le pouce dans l'autre et le doigt indicateur dans la tête. Ces trois doigts suffisent pour donner la vie à la marionnette. Elle peut saluer, dire oui ou non, prendre un objet, frapper avec un bâton. Sans doute les bras ne sont que des moignons qui ne se rabattent qu'imparfaitement le long du corps, mais cette gaucherie rend leurs gestes beaucoup plus drôles, sans leur enlever leur vraisemblance. Un operante habile, faisant bien accorder ses gestes avec ses paroles, procure au bout d'un instant l'illusion de la réalité. Ce n'est plus une poupée qu'on voit, c'est un être vivant qui agit et parle librement, qui pense, pleure, rit et a toutes les passions de l'humanité. Sous ses oripeaux, la main devient un véritable acteur. On ne le voit qu'à mi-corps, il est vrai, mais on s'inquiète peu du reste. Le coup de pied traditionnel de la farce est remplacé par le coup de bâton et cela suffit.

Le bâton! voilà le grand argument de Guignol comme aussi de Polichinelle. Le bâton résout tout : Il termine les différends, il paye les dettes, il renvoie les importuns, il corrige les femmes, il se venge des hommes, c'est le *Deus ex machinâ* de tout ce petit monde lilliputien.

Et quel merveilleux moyen dramatique! Une situation est-elle dangereuse? vite un coup de bâton! Un dénouement est-il difficile à amener? vite, une bastonnade! Le coup de bâton est au-dessus de la critique, il la mâte, il l'éteint, car il a raison envers et contre tous, parce qu'il est le plus fort! Il ne respecte personne, ce bâton! C'est avec lui que Guignol bat ses créanciers, ses amis, sa femme, le commissaire, le juge, le bourreau et plus il frappe, plus il fait rire! — Il n'y a pas de bon mot qui vaille celui-là! — Et ce bâton n'est ni beau, ni neuf : On voit qu'il a beaucoup servi, car il est fêlé et les coups qu'il donne sur la tête retentissent comme une poignée de verges!

V

PRINCIPAUX TYPES DE MARIONNETTES. — Polichinelle — Punch. — Punch et Judy. — Hanswurst. — Hans Pickelharing. — Jan Klaassen. — Le théâtre de Casperl. — Guignol. — Karragheuz. — Ranguin. — Pulcinella. — La mère Gigogne. — Pierrot. — Arlequin. — Cassandre. — Le juge. — Le gendarme. — Le bourreau. — Le chat.

Maintenant quelques mots sur les principaux types des marionnettes. A tout seigneur tout honneur ! c'est par Polichinelle qu'il convient de commencer. D'après certains auteurs, Polichinelle nous viendrait de Maccus, type bouffon qui a diverti les Romains de la République. « On a déterré aux environs de Naples une figurine de bronze antique représentant Maccus, bossu par derrière et par devant et le visage orné de ce long nez crochu qui a valu au personnage son nom italien de *Pulcinella* (bec de poulet) » (Génin.)

D'après Charles Magnin, Polichinelle est essentiellement français.

« Polichinelle, dit-il, laisse percer le type populaire, je n'ose dire de Henri IV, mais tout au moins de l'officier gascon, imitant les allures du maître dans la salle des gardes du château de Saint-Germain ou du vieux Louvre. Quant à la bosse que nous lui voyons, Guillaume Bouchet vient de nous apprendre quelle a été de temps immémorial l'apanage du *badin ès-farces de France*. On appelait au xiiie siècle Adam de la Halle le *bossu d'Arras*, non pas qu'il fut bossu, mais à cause de sa verve railleuse :

On m'appelle bochu, mais je ne le suis mie !

Et, quant à la seconde bosse, qui brille de surcroît sous le clinquant de son pourpoint à paillettes, elle rappelle la cuirasse luisante et bombée des gens de guerre et les ventres à la poulaine alors à la mode et qui imitaient la courbure de la cuirasse. Le chapeau même de Polichinelle (je ne parle pas de son tricorne moderne, mais du feutre à bords retournés qu'il portait encore au xviie siècle) était la coiffure des cavaliers du temps, le chapeau à la Henri IV. »

Quoi qu'il en soit, d'origine romaine ou française Polichinelle est à la fois un sacripant et un justicier, le tout doublé d'un philosophe. C'est à la fois un personnage de comédie et de drame, et plusieurs auteurs l'ont pris pour héros. Jules Rémond a publié, en 1838, *Polichinelle*, farce en trois actes, pour amuser les grands et les petits enfants et Léon Beauvallet et Marc Le Prévost ont fait jouer un drame en cinq actes intitulé : *Il signor Pulcinella*. Chaque acte consacrait un des défauts du personnage : ivrogne, libertin, joueur et voleur ; au dernier acte il pendait le bourreau.

Punch est le polichinelle anglais. Son nom dérive de *Pulcinello* ou *Punchinello* comme on l'appelait autrefois. Il a les mêmes défauts que notre Polichinelle. Les Anglais ne contestent pas les défauts mais discutent l'origine. Ils disent que Punch est un type absolument anglais ; qu'il a joué le rôle du *Vice* dans tous les anciens mystères de la Grande-Bretagne et même que, dans la pièce du *Déluge,* il disait naïvement au patriarche : « *A hazy weather master Noë* » (Un temps brumeux, maître Noë) ! Ce qui fit dire à un montreur de marionnettes qu'il était aussi vieux que le Déluge.

S'il a joué autrefois le rôle du Vice, il l'a conservé aujourd'hui, car, malgré sa gaieté, c'est un drôle de la pire espèce, comme la légende suivante, dont je vais vous donner la traduction, va vous le prouver.

Cette ballade ne remonte pas au delà de 1795, mais la pièce qui en est tirée se joue maintenant tous les jours en Angleterre.

PUNCH ET JUDY

Oh! prêtez-moi l'oreille un instant. Je vais vous conter une histoire, l'histoire de M. Punch, qui fut un vil et mauvais garnement, sans foi et meurtrier. Il avait une femme et un enfant aussi, tous les deux d'une beauté sans égale. Le nom de l'enfant, je ne le sais pas; celui de la mère était Judy.

M. Punch n'était pas aussi beau qu'elle. Il avait un nez d'éléphant. Sur son dos s'élevait une protubérance qui atteignait la hauteur de sa tête; mais cela n'empêchait pas qu'il n'eût, disait-on, la voix aussi séduisante qu'une sirène et, par cette voix, un superbe ténor, il séduisit la belle Judy.

Mais il était aussi cruel qu'un Turc et comme tel ne pouvait se contenter d'une femme. Cependant la loi lui défendait d'en avoir deux, ni vingt-deux, quoi qu'il pût suffire à toutes. Que fit-il donc dans cette conjoncture, le scélérat! il entretint une femme.

Mistress Judy découvrit la chose, et, dans sa fureur jalouse, s'en prit au nez de son époux et à celui de sa folâtre compagne. Punch alors se fâcha, se posa en acteur tragique, et d'un revers de bâton lui fendit bel et bien la tête en deux, le monstre !

MARIONNETTES ANGLAISES.

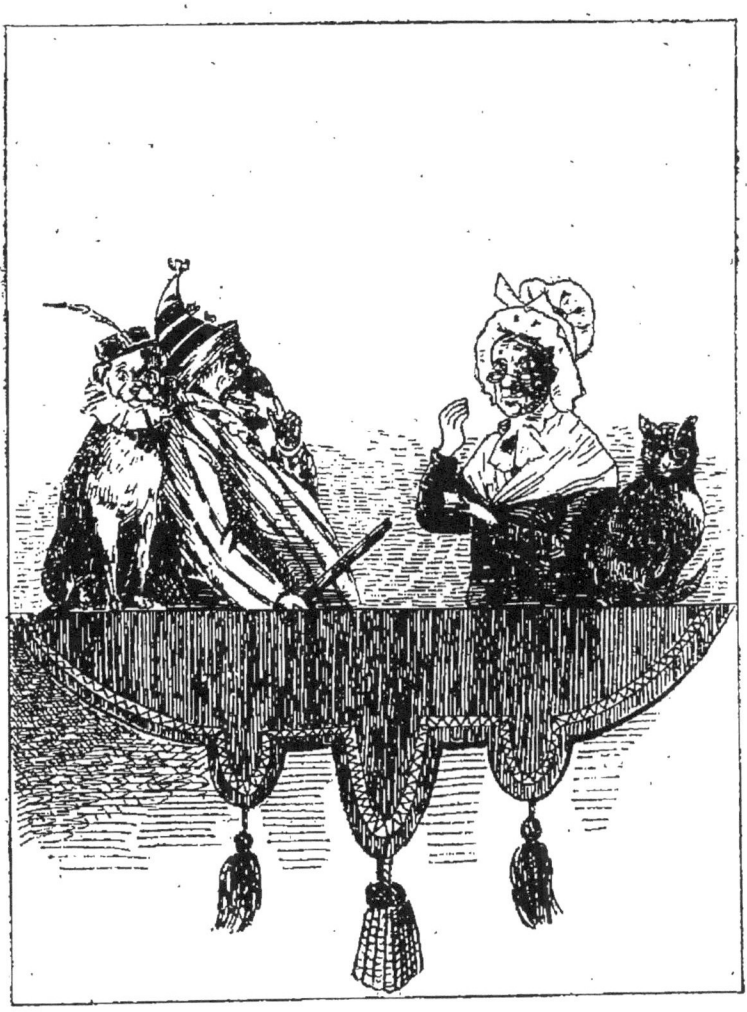

PUNCH ET JUDY.

Puis il saisit son tendre héritier, et, père dénaturé, le lança par la fenêtre du second étage, car il aimait mieux posséder la femme de son amant que son épouse légitime, et il se souciait de son enfant comme d'une prise de tabac.

Les parents de sa femme vinrent à la ville pour lui demander compte de ce procédé. Il prit une trique pour les recevoir, et leur servit la même sauce qu'à sa femme. Il osait dire que la loi n'était pas sa loi, qu'il se moquait de la lettre, et que si la justice mettait sur lui sa griffe, il saurait lui apprendre à vivre.

Alors, il se mit à voyager par tous pays, si aimable et séduisant que trois femmes seulement refusèrent de suivre ses instructives leçons.

La première était une simple paysanne, la seconde une abbesse; quant à la troisième, j'ose à peine vous dire que c'était la dernière des impures.

Il rencontra en Italie des femmes de la pire espèce, en France des bavardes, en Angleterre des prudes au début, pires que les autres; ensuite, en Espagne, elles étaient fières comme des infantes, mais fragiles en diable; en Allemagne de glace et non moins fragiles. Il n'alla pas plus au Nord.

Dans tous ces voyages, il ne respecta pas plus la vie des hommes que la vertu des femmes. Il répandit des flots de sang et, malgré sa bosse, séduisit toutes les femmes.

On disait qu'il avait signé un pacte avec le diable, mais ce sont de ces choses sur lesquelles il est bon de ne pas trop parler. C'est à cela peut-être qu'il doit ses succès. Mais convenons entre nous que ses belles n'étaient pas difficiles.

A la fin, il revint en Angleterre, toujours libertin et corsaire. Dès qu'il eut touché Douvres, il changea de nom, car il en avait plusieurs à son service. De son côté, la police avait pris des mesures et on le coffra au moment où il s'y attendait le moins.

Cependant le jour où il allait avoir à régler ses comptes approchait rapidement. Quand le jugement fut prononcé, il pensa aux moyens de se soustraire par ruse à l'exécution, et, lorsque le bourreau vint d'un air sinistre lui annoncer que tout était prêt, il demanda à voir sa maîtresse.

Feignant de ne savoir comment se servir de la corde, il passa la cravate de chanvre au cou du bourreau et retira le sien sain et sauf. Mais le diable vint réclamer sa dette et Punch lui dit qu'il le prenait assurément pour un autre et qu'il ne connaissait pas cet engagement.

— Ah! tu ne le connais pas, fit le diable, et aussitôt ils s'attaquèrent avec fureur. Le diable avait sa fourche, mais Punch avait son bâton et il en frappa si dru que le diable est mort.

Hourrah pour Punch!

Cette légende est un peu la nôtre : comme notre Polichinelle, Punch bat sa femme, ses enfants, ses amis, ses ennemis, est emprisonné et tue le bourreau et le diable. Quant à la morale, il n'y en a pas d'autre que celle-ci : La méchanceté humaine est éternelle. Mais somme toute Punch est bien l'expression du caractère anglais qui trouve toujours de bonnes raisons pour n'avoir pas le dessous et qui ne veut pas être vaincu, même quand il a tort!

Le plus spirituel des journaux anglais s'appelle *Punch*.

Si nous passons maintenant en Allemagne nous trouvons tout d'abord *Hanswurst*, autrement dit *Jean Boudin* se substituant à Punch et Polichinelle. Balourd et vorace, telles sont ses qualités caractéristiques; mais comme elles n'étaient pas suffisantes pour tenir le premier emploi *Hans Pickelharing* le Polichinelle hollandais, l'eut bien vite remplacé et lui-même vit prendre sa place par *Jean Klaassen* (Jean Nicolas) qui avait tout à fait les mœurs peu recommandables de Punch et de Polichinelle. Aujourd'hui, le sceptre des marionnettes allemandes est échu à *Casperl* (Gaspard) qui est à la fois gai et spirituel et qui, dans les faubourgs de Vienne, a donné son nom à la pièce de monnaie dont la valeur est égale au prix d'une place de parterre au théâtre où on peut l'admirer.

Voici un échantillon populaire du THÉATRE DE CASPERL.

PREMIÈRE PARTIE

CASPERL CONSCRIT EN TURQUIE

PERSONNAGES :

LE SULTAN MUSTAPUMPUM.
MORACKEL, feld-maréchal.
KUKUBUZI, recruteur.

JEAN CASPERL (ou GASPARD).
SAMUEL, juif.
ZWIRN, tailleur.

LE SULTAN.

Oh ! quelle idée ! Vous allez mettre sur pied cinq cent mille hommes pour vous rendre maître de tous ces chiens de chrétiens ? Hommes et femmes, garçons et filles, faites partir tout.

LE FELD-MARÉCHAL.

Pardon, Excellence, l'armée ne peut pas avancer ; il manque cinq hommes.

LE SULTAN.

Alors prenez les aveugles, les bossus, tout ce que vous pourrez pincer, car dans deux heures, il faut que mon cuisinier ait dix mille têtes de chrétiens, pour me faire des pâtés avec les langues et des salades avec les oreilles. J'ai envie de manger de la chair de chrétien ! Va donc vite et trouve-moi à manger ou je vous fais tous pendre.

LE FELD-MARÉCHAL.

Grand merci ! Je vais m'en occuper. — Eh ! recruteur ?

LE RECRUTEUR.

Que désire monsieur le feld-maréchal ?

LE FELD-MARÉCHAL.

Ouvre l'œil ! Tu vas tout de suite me trouver des hommes, car il faut que dans un quart d'heure l'armée soit complète, sans cela je te fais embrocher.

(*Il sort.*)

LE RECRUTEUR.

Que Dieu vous le rende dix mille fois ! Où pourrais-je les recruter ?

(*Le juif Samuel et le tailleur Zwirn entrent.*)

Halte-là ! vous autres ! Il faut que vous soyez soldats.

SAMUEL.

Hélas ! monsieur le recruteur, je ne suis qu'un pauvre juif et j'ai mes affaires.

ZWIRN.

Et moi je suis un tailleur et je ne suis pas brave
(*Ils se sauvent tous deux.*)

MARIONNETTES ALLEMANDES.

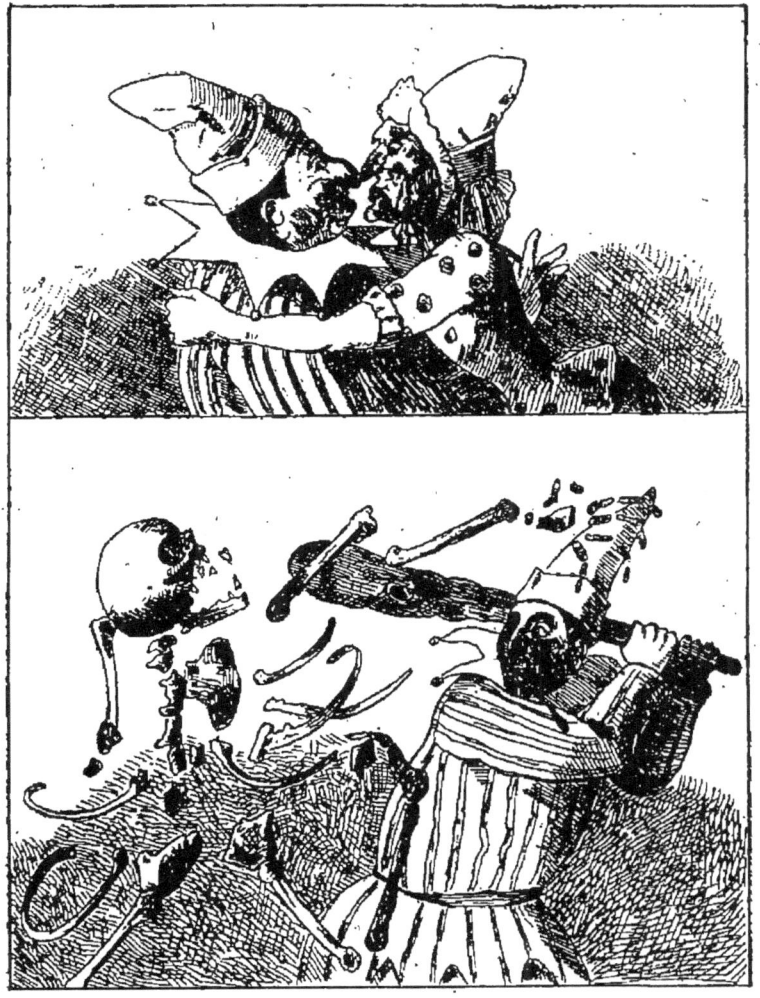

CASPERL ET SA FEMME, CASPERL TUANT LA MORT.

LE RECRUTEUR.

Attendez-moi, polissons! je vais vous rattraper. Mais qui vient là?

CASPERL, *entrant en chantant.*

Radi, ridi, rulala, rulala, rulala. Radi, ridi, rulala! Ru (*il tombe sur le recruteur*). Allons bon! je me suis cogné contre un piquet et je me suis abîmé le nez.

LE RECRUTEUR.

Non! tu t'es cogné contre moi et je suis un recruteur de la cour.

CASPERL.

Tiens! tiens! je ne t'aurais pas pris pour un tanneur!

LE RECRUTEUR.

Pas un tanneur! Un recruteur, un recruteur!

CASPERL.

Ah! oui! Un teinturier! un teinturier[1]!

LE RECRUTEUR.

Je vais t'enrôler comme soldat.

CASPERL.

Comment! Il faut que je me fasse teindre en

---

1. Casperl joue sur les mots: *Werber*, recruteur *Gerber*, tanneur et *Farber* teinturier.

salade[1]. Ah! mais non! Car si je me change en salade, les oies me mangeront.

LE RECRUTEUR.

Tu vas faire l'exercice maintenant.

CASPERL.

Attends! Je vais te faire aller!

LE RECRUTEUR.

Voilà un fusil avec lequel tu vas tirer.

CASPERL.

Bien! Je vais le remplir d'eau et puis je l'allumerai après.

LE RECRUTEUR.

Non, imbécile! C'est de la poudre et du plomb que l'on met là dedans et quand je te dirai : feu! tu feras feu. — Attention! feu! (*Casperl lui donne des coups sur la tête*) Aïe! Aïe! Aïe! Aïe!

CASPERL.

Tu vois, imbécile de teinturier! (*Il lui donne encore des coups.*) Il ne faut plus que tu me teignes.

LE FELD-MARÉCHAL, *entrant*.

Eh bien! qu'est-ce que c'est que cela? chien de chrétien! Je crois que tu as battu mon recruteur.

---

1. Il joue sur les notes *Sallat* et *Soldaten*.

CASPERL.

Non pas! je n'ai fait qu'obéir à son commandement.

LE FELD-MARÉCHAL.

Oh! oh! Tu vas être pendu et mangé par les corbeaux.

CASPERL.

Grand merci! Les corbeaux ne m'aimeraient pas!

LE FELD-MARÉCHAL.

Holà! les hommes! que l'on m'apporte la potence! (*On apporte la potence.*) Bien! Maintenant mets ta tête dans le nœud.

CASPERL.

Mais pourquoi pas!

(*Il y fourre le bras.*)

LE FELD-MARÉCHAL.

Mais non! pas comme cela! J'entends dire : la tête et le cou.

(*Casperl y passe la jambe.*)

LE FELD-MARÉCHAL.

Bêta! Regarde! Comme cela!

(*Il met sa tête dans le nœud.*)

CASPERL, *tirant sur la corde.*

C'est ça! comme cela!

LE SULTAN, *arrivant.*

Turc mi nact, zigt, zagt !
(*Casperl brandit la potence où se trouve pendu le général et en assomme le sultan*).

CASPERL.

Attends ! je vais te faire dire Turc mict nact zigt zagt ! (*Il s'en va en chantant.*) Radi, rido, rulala, rulala lala !

DEUXIÈME PARTIE

DON JUAN

PERSONNAGES :

DON JUAN, mauvais sujet.	CASPERL.
LE CHEVALIER PANTOLFIUS, son père.	LE DOMESTIQUE DE DON JUA.
	LE DIABLE.

DON JUAN.

Où est donc mon Casperl ? Il est allé vendre ma dernière chemise et mon manteau, car j'ai grand soif.

CASPERL *entrant en chantant.*

Radi, ridi, rulala rulala rulala !

DON JUAN.

Ah çà ! mais il me semble que tu es ivre ?

CASPERL.

Non! pas tout à fait! Mais je suis un peu lancé.

DON JUAN.

Animal! Je parie que tu as bu ma chemise.

CASPERL.

Non, pas la chemise, mais le manteau! Pour la chemise, on m'a donné une paire de saucisses.

DON JUAN.

Mais je t'avais dit de me rapporter l'argent.

CASPERL.

Oui, mais comme vous l'auriez bu, cet argent, je l'ai mis de côté, mais je vous ai apporté du vin.

DON JUAN.

Où est-il, mon cher Casperl?

CASPERL.

Je l'avais mis dans mon chapeau et quand j'ai voulu mettre mon chapeau sur ma tête, voilà qu'il s'est répandu justement dans ma bouche, mais je crois qu'en pressant bien mon chapeau, nous pourrions peut-être en trouver encore un verre.

DON JUAN.

Ah! misérable valet! Tu vas aller chez mon père et tu vas lui exposer notre triste situation afin qu'il nous donne de l'argent.

CASPERL.

Eh bien, soit! Où demeure votre père?

DON JUAN.

Là, dans une de ces maisons. Je t'attends.
(*Il sort.*)

CASPERL.

Nous allons donc dire deux mots à cette vieille pantoufle. (*Il crie.*) Vieille Pantoufle! Écoute ici! Il ne veut pas m'entendre. Disons-lui des sottises : — Vieille ganache! Viens ici!

PANTOLFIUS.

Qui donc crie ainsi devant ma porte?

CASPERL.

C'est moi!

PANTOLFIUS.

Quel est ce maraud de valet?

CASPERL.

Un pauvre orphelin que votre fils a adopté comme son enfant.

PANTOLFIUS.

Et où est-il mon gredin de fils?

CASPERL.

Il doit être maintenant à l'église.

PANTOLFIUS.

Il est donc devenu meilleur! Va-t-il souvent à l'église?

CASPERL.

Oui, tous les matins! Vous savez l'église du marchand de vins, près du Grand-Pont.

PANTOLFIUS.

Ah! le mauvais sujet! Et pourquoi mon fils t'envoie-t-il vers moi?

CASPERL.

Ah! vous savez, je ne puis pas vous dire cela franchement. Il faut que je vous fasse entendre, par allégorie, que nous avons besoin d'argent et que nous avons vendu notre dernière chemise, et cela sans vous en laisser rien apercevoir.

PANTOLFIUS.

Ainsi, ivrogne, c'est parce que vous avez soif que vous venez chez moi! Jetez-vous à l'eau et buvez!

CASPERL.

Non pas! L'eau est trop claire!

PANTOLFIUS.

C'est bon! Je vais vous chercher de l'argent.
(*Il entre dans la maison.*)

CASPERL.

Ah! Bonne vieille pantoufle!

PANTOLFIUS, *revenant*.

Tenez! voilà douze kreutzers, avec cela tu achèteras deux cordes. Avec l'une tu pendras ton maître et tu te pendras toi-même avec l'autre.
(*Il rentre chez lui.*)

CASPERL, *donnant un coup de tête sur la maison*.

Attends! vieille ganache!

DON JUAN, *rentrant*.

Ah! te voilà, Casperl, as-tu de l'argent?

CASPERL.

Oui, me voici.

DON JUAN.

Eh bien, qu'a dit mon père?

CASPERL.

Il m'a donné tout de suite de l'argent, comme je le lui ai demandé.

DON JUAN.

Bravo! et combien?

CASPERL.

Il m'a donné deux pièces de six kreutzers, avec l'une desquelles je devais acheter pour moi une chope de bière et avec l'autre une corde pour vous pendre. Je l'ai bue aussi par mégarde.

DON JUAN.

Oh! quel père barbare! Casperl, appelle-le encore une fois!

CASPERL.

Vieille Pantoufle! sors donc encore.

PANTOLFIUS.

Qui donc crie encore ainsi devant ma porte? — C'est toujours toi, vagabond.

CASPERL.

Oui, il y en a encore un en vie.

DON JUAN.

Une dernière fois, mon père, voulez-vous me donner de l'argent, oui ou non?

PANTOLFIUS.

Non! Jamais! Je vais appeler la garde et te faire poursuivre par les chiens.

CASPERL, *lui donnant un coup de talon de botte sur le nez.*

Tiens, avertis ta garde et tes chiens, vieille Pantoufle!

DON JUAN.

Mais où me procurer de l'argent maintenant : Si je savais où se trouve le Diable, je me vendrais à lui.

CASPERL.

Dites donc, ma grand'mère m'a dit une fois que lorsqu'on veut voir le Diable, on n'a qu'à dire : Parlike !

LE DIABLE, *paraissant*.

Pirrrrrrrrrrrr !...

CASPERL.

Tenez ! tenez ! le voici !

DON JUAN.

Je veux me vendre à toi.

LE DIABLE.

Tu m'appartiens déjà ! Pirrrrrrrrrrr !

DON JUAN.

A l'aide, Casperl ! Au secours !

CASPERL.

Attendez ! Je vais bien vite le faire partir ! Je n'ai qu'à dire : Parlike !

LE DIABLE, *emportant don Juan*.

Pirrrrrrrr !

CASPERL.

Voyez ! voyez ! Le Diable qui se trompe et qui emporte mon maître ! Eh bien ce n'est pas dommage ! Radi, ridi, rulala rulala rulalala.

(*Il sort.*)

TROISIÈME PARTIE

MADAME CASPERL ET LA CUISINIÈRE

PERSONNAGES :

CASPERL.
MADAME CASPERL.

CARLINE, cuisinière.
LE VEILLEUR DE NUIT.

MADAME CASPERL.

O mon cher Gaspard, que je suis heureuse de te voir, j'ai bien besoin d'argent car je n'ai ni sucre, ni café, ni vin à la maison.

CASPERL.

Tiens! tiens! Comme cela se rencontre! moi, non plus, je n'ai ni argent ni vin! (*A part.*) D'où vient-elle donc?

MADAME CASPERL.

Mauvais sujet! Rentre maintenant à la maison.

CASPERL.

Bon! passe devant! (*A part.*) Eh bien, en voilà une belle histoire! La cuisinière à qui j'ai promis le mariage qui va venir tout à l'heure ici.

MADAME CASPERL.

Eh bien, viens-tu, mon cher Casperl?

CASPERL.

Tout de suite, chérie! Va toujours, je te suis!

CARLINE, *entrant.*

Ah! mon cher Casperl! tiens, vois! Je t'ai apporté une bouteille de vin et une saucisse. Aussi tu vas m'épouser bientôt.

MADAME CASPERL.

Quoi! effrontée! vous voulez épouser mon Casperl?

CARLINE.

Son Casperl! Vieille chouette! c'est le mien!
(*Elle tire Casperl par le bras gauche.*)

MADAME CASPERL.

Vieille queue de poêle! Laisse là bien vite mon Casperl ou je vais t'arracher les yeux.
(*Elle tire Casperl par le bras droit.*)

CASPERL, *tiré des deux côtés.*

Allons! vieilles toupies! Laissez-moi, ou je crie au feu!   (*Il s'arrache de leurs bras et se sauve.*)

MADAME CASPERL.

C'est vous, méchante broche à rôtir, qui voulez me prendre mon Casperl?

CARLINE.

Tiens! vieille pincette! Le voilà, ton Casperl!
(*Elle lui donne un soufflet.*)

MADAME CASPERL.

Attends, vieille taupe ! (*Elle bat la cuisinière et se sauve.*) Elle ne reviendra plus voir Casperl !

CARLINE, *revenant avec un balai.*

Attends, je vais t'ôter ton Casperl de la tête.
(*Elle lui donne des coups de balai.*)

CASPERL, *entrant avec une grosse trique.*

Et moi je vais vous apprendre *les Mœurs* ! Tenez, voilà ce qu'on appelle attraper deux lièvres d'un coup.
(*Il va chercher un coffre, les pousse dedans et s'assied dessus*).

LE VEILLEUR DE NUIT.

Qui fait tout ce vacarme. Me voici avec ma lance. Seriez-vous un voleur par hasard ?

CASPERL.

Précisément, et je fais tout ce bruit pour attirer l'attention d'un si intelligent veilleur de nuit.

LE VEILLEUR DE NUIT.

Qu'avez-vous dans la caisse sur laquelle vous êtes assis ?

CASPERL.

Regardez ! J'ai des prunes ! Il y avait ici deux femmes qui voulaient m'en acheter et ce sont elles qui ont fait tout ce bruit.

LE VEILLEUR DE NUIT.

C'est bien! je vais mettre la main dessus!

CASPERL.

Ça sera très malin! Mais, cher veilleur de nuit, ne voudriez-vous pas goûter de mes prunes?

LE VEILLEUR DE NUIT.

Pourquoi donc pas, mon ami? — Montrez-les moi.

CASPERL.

Fouillez dans mon coffre et prenez-en autant que vous voudrez.

LE VEILLEUR DE NUIT, *regardant dans le coffre.*

Ah! Il y a une femme là-dedans!

CASPERL.

Non! Regarde bien, ce sont quelques tabliers qui sont placés au-dessus.

LE VEILLEUR DE NUIT, *fourrant entièrement sa tête dans le coffre.*

Je ne vois rien!

CASPERL, *fermant le couvercle et lui prenant la tête.*

Vois-tu, veilleur de nuit, ce qu'il y a dans le coffre? Maintenant je vais aller chercher le diable pour jeter tout ce monde-là à l'eau!

(*Il sort.*)

QUATRIÈME PARTIE

CASPERL ET LE DIABLE

PERSONNAGES :

CASPERL.	UNE BOITE RONDE.
LE DIABLE.	UNE CANNE.

LE DIABLE.

Pirrrrrrrrrr! Attends Casperl! le moment est venu de te pincer. (*Il emporte la caisse dans laquelle se trouvent les deux femmes et le veilleur de nuit et met une boîte ronde à la place.*) Pirrrrrrrr! disparu!

CASPERL.

Sapristi! Quelqu'un m'a volé ma caisse. (*Il se cogne à la boîte*). Cré nom! Qu'est-ce que c'est que ça? (*Il réfléchit.*) Tiens! c'est une jolie boîte ronde. Qu'est-ce qu'il peut bien y avoir dedans? (*Il met son oreille sur la boîte.*) Je n'entends rien!-Il y a peut-être quelque chose de bon à boustifailler là-dedans. (*Il flaire la boîte.*) Je ne sais pas, mais il me semble sentir une odeur de saucisse. (*Il flaire encore.*) Si cependant je pouvais soulever le couvercle. (*Il le soulève un peu et se pince le nez.*) Satanée boîte! Tu m'as presque arraché le nez. (*Il donne un coup de pied à la boîte.*) Hé! là! qui est donc là-dedans?

LE DIABLE, *sortant*.

Pirrrrrrrr !

CASPERL.

Ah ! c'est monsieur Pirrrrrr ! qui était dedans ! Eh bien, qu'est-ce que tu veux, toi ? Tu me parais tout autre que le diable qui a emporté don Juan.

LE DIABLE.

Je suis ton beau-frère, et je viens te chercher.

CASPERL.

Et pourquoi donc ?

LE DIABLE.

Parce que tu ne fais que crier, boire et manger des saucisses.

CASPERL.

Eh bien ? Puisque je suis Jean Saucisse !

LE DIABLE.

Dépêche-toi de faire ton compte, car je vais t'emmener en enfer !

CASPERL.

Merci ! J'aime mieux me faire ouvrir un compte à la brasserie.

LE DIABLE.

Allons, pas tant d'embarras ! Je suis pressé ! Pierrrrrrrr !

CASPERL.

Ah! tu es pressé! Je vais bien te faire déguerpir! Je n'ai qu'un mot à dire : Parlike!

LE DIABLE, *rentrant dans la boîte.*

Pirrrrrrrr!

CASPERL, *fermant le couvercle de la boîte et s'asseyant dessus.*

Ça y est! te voici donc pincé! Parlike! (*Le diable s'élance si fort de la boîte qu'il lance en l'air Casperl, avec le couvercle.*) Ah! coquin de diable! Eh bien, tu vas danser! Parlike! (*Le diable rentre dans la boîte.*) Parlike! (*Il sort.*) Parlike! (*Il rentre.*) Parlike! (*Il sort de nouveau.*) Parlike! Parlike! Parlike! Parlike!... (*Même jeu*).

LE DIABLE.

Ah! ah! ah! Assez! assez!

CASPERL.

Tu en as assez, n'est-ce pas? Je vais maintenant te montrer le chemin de l'enfer.

LE DIABLE.

Mais, c'est que ma grand'mère m'a dit qu'elle me donnerait le fouet si je ne t'emmenais pas.

CASPERL.

Eh bien, prends-en un autre et dis que c'est moi.

LE DIABLE.

Non! viens avec moi! Pirrrrrrrrr!

CASPERL.

Eh bien soit! s'il n'y a pas moyen de faire autrement. Mais auparavant il faut que je fasse mon testament. Je vais revenir de suite. (*Il sort et revient avec son bâton dont il donne des coups sur la tête du diable.*) Tiens! voilà mon testament! L'as-tu vu?

LE DIABLE.

Ah! ah! ah! Pirrrrrrrrr!

CASPERL, *le tuant à force de le battre.*

Là! examine encore une fois le testament! Tu ne viendras plus chercher Casperl maintenant! (*Il jette le diable dans la boîte et la met sur son dos*). Maintenant je vais jeter le diable dans le feu, ça lui fera du bien! (*Il chante.*) Radi, ridi, rulala, rulala, lala.

(*Il sort.*)

CINQUIÈME PARTIE
LA BÊTE MYSTÉRIEUSE

PERSONNAGES :

CASPERL.
MADAME CASPERL.
LA BÊTE MYSTÉRIEUSE PIED-PIED.
UNE SAUCISSE.
LA CANNE DE CASPERL.

CASPERL, *entrant avec la boîte et chantant.*

Radi, ridi, rulala, rulala rulala! — Allons jeter le diable à l'eau!

(*La boîte s'ouvre précipitamment et madame Casperl en sort.*)

MADAME CASPERL.

Attends! Attends! mauvais mari! Tueur de femmes. (*Elle lui donne des calottes.*) Ah! tu crois que je suis morte! Voilà qui va te prouver que je vis encore!

CASPERL.

Mon Dieu, moi qui croyais n'avoir que le diable là-dedans et voilà que j'y trouve ma vieille! Allons! paix! femme, où il va t'arriver malheur.

MADAME CASPERL, *le claquant encore.*

Voilà ce qui va arriver!

CASPERL, *la renversant avec la caisse.*

Non! non! ma chère femme! ne joue pas comme

cela! tu vois! ç'aurait été encore une affaire faite! Pour te récompenser, va à la brasserie! (*Il aperçoit la bête mystérieuse.*) Qu'est-ce que c'est que ça?

LA BÊTE.

Piéd! Piéd piiiiiii!

CASPERL.

Ça doit être un rossignol, il chante très bien! (*Il veut la caresser.*) Chère petite bête?

LA BÊTE, *ouvrant le bec.*

Piéd! Piéd! Piéd!

CASPERL.

Ah! mon Dieu! Je crois qu'elle a faim! Attends! je vais te chercher une saucisse.

LA BÊTE.

Piiiiiii...

CASPERL, *revenant avec une saucisse.*

Tiens! ma chère petite bête! Je t'apporte quelque chose! mais comme tu pourrais t'abîmer l'estomac, — vois comme je suis bon pour toi, — J'aime mieux manger la saucisse moi-même. (*Il mange la saucisse.*) Mais je te laisse la peau! Tiens! voilà quelque chose pour ton bec! (*Il lui fourre la peau de la saucisse dans le bec. La bête ferme son bec et lui attrape le bras.*) Non! non! non! (*Il retire son bras.*) Elle a cru sans doute que mon bras tenait

4.

à la saucisse! — Non, ma chère petite bête, il ne faut pas être si brutale. — Tu es repue, maintenant, n'est-ce pas?

LA BÊTE.

Pied!

CASPERL.

Oui! Pied! ma bonne! ma belle petite bête! (*Il la caresse. — La bête l'attrape par son pantalon et le mord.*) Ça doit être un crocodile! (*Il parvient à se retirer. La bête garde un morceau de son pantalon dans la gueule.*) Attends! Tu n'aimes peut-être pas la saucisse, je vais te donner autre chose.

LA BÊTE.

Pied! pied! pied!

CASPERL, *arrivant avec son bâton.*

Vois! j'ai là quelque chose qui t'otera l'envie de sentir la saucisse. (*Il lui met le bâton sous le nez. La bête ferme la machoire et retient le bâton.*) Ah! chien de crocodile! (*Il tire si fort qu'il tombe avec le bâton.*) Attends! Tiens! voilà ce que je t'ai promis!

(*Il lui donne des coups sur la tête.*)

LA BÊTE, *se sauvant.*

Pied! pied! pied! piiiiiii!

CASPERL.

Ah! je m'en vais t'en donner des piiiiii!

(*Il court après la bête.*)

SIXIÈME ET DERNIÈRE PARTIE

CASPERL ET LA MORT

PERSONNAGES :

CASPERL.
MADAME CASPERL.
LE DIABLE MORT.

LA MORT.
LE BATON DE CASPERL.

CASPERL, *apportant en chantant le diable mort.*

Radi, ridi, rulala, rulala!... Là! maintenant que j'ai retrouvé ce nègre, qui ne bouge plus, je pense avoir enfin un peu de repos! (*Il jette le diable dehors.*) File chez ta grand'mère !

MADAME CASPERL.

Ah! mon pauvre Casperl! Tout est fini maintenant! La mort regarde par la fenêtre.

CASPERL.

Eh bien, ferme la fenêtre !

MADAME CASPERL.

Ma foi non, je me sauve! Arrange-toi comme tu pourras avec elle!

LA MORT, *entrant et parlant avec une voix très douce.*

Je suis la mort! La mangeuse d'hommes ! Ra! ra! ra! ra!

CASPERL.

Mange de la saucisse de cochon, cela te semblera meilleur! Ra! ra! ra!

LA MORT.

Me voici ici et tu vas mourir! Ra! ra! ra! ra!

CASPERL.

Pourquoi donc cela? Je n'ai pas le temps maintenant.

LA MORT.

Allons prépare-toi! Il faut que tu meures! Ra! ra! ra! ra!

CASPERL.

Reviens dans une centaine d'années! nous en reparlerons.

LA MORT.

Tu vas me suivre dans la froide bière.

CASPERL.

Pourquoi donc? Je n'ai pas trop chaud!

LA MORT.

Allons! viens! viens de bonne volonté, ou je t'étrangle. Ra! ra! ra! ra!

CASPERL.

Attends! je vais revenir! laisse-moi seulement dire adieu à ma femme!

LA MORT.

Soit! mais dépêche-toi, car j'ai encore beaucoup à faire.

CASPERL.

Je reviens de suite! (*Il sort, mais revient aussitôt avec son bâton.*) Voilà! c'est fait. Passe devant pour me montrer le chemin.

LA MORT.

Soit! suis-moi! (*Au moment où la mort se retourne, Casperl tombe sur elle et la bat de telle sorte que tous ses os volent en éclats.*)

CASPERL.

Hurrah! Je la tiens! attends! vieille désossée! Tu ne reviendras plus. Maintenant tout va bien marcher, car la mort est tuée et tout le monde criera : « Vive Casperl! vainqueur de la mort! »

ÉPILOGUE

CASPERL.

Messieurs, après m'être battu avec les Chrétiens, les Turcs, la Mort et le Diable, j'ai soif et ne serais pas fâché d'aller à la brasserie, boire une chope de bière. Si mon histoire vous a plu, prenez exemple sur moi, faites-moi connaître dans le monde, recommandez-moi et soyez assez bons pour mettre un pourboire dans ma tirelire. Je saurai très bien l'en retirer.

Le guignol n'a pas de polichinelle. Le personnage qui remplit ce rôle s'appelle Guignol ; je le dépeindrai lorsque je parlerai du guignol lyonnais.

Le polichinelle des Turcs est *Karragheuz*. — Le type de cet étrange individu n'a rien de commun avec le nôtre. Il a le nez écrasé, la barbe courte et le menton proéminent : le nez de Guignol avec le menton de polichinelle. Dans son *Voyage en Orient*, Gérard de Nerval consacre tout un chapitre à *Karragheuz*, mais il m'est défendu, sous peine d'être inconvenant, d'en citer le moindre passage ; pourtant il a résumé en deux mots le caractère de ce singulier héros : — « Dans les pièces modernes, dit-il, presque toujours ce personnage appartient à l'opposition. C'est, ou le bourgeois railleur, ou l'homme du peuple dont le bon sens critique les actes des autorités secondaires... Karragheuz a son franc parler ; il a toujours défié le pal, le sabre et le cordon. »

Le théâtre où s'agite Karragheuz est en plein air, dans la cour d'une maison où s'entassent les Turcs, les Turques et aussi une foule d'enfants des deux sexes qui applaudissent de la voix et des mains à chaque grossièreté, à chaque geste indécent. Il tient tout à la fois des ombres chinoises et de la lanterne magique ; c'est-à-dire qu'une toile blanche, éclairée au dedans, forme la scène. Le

MARIONNETTES TURQUES.

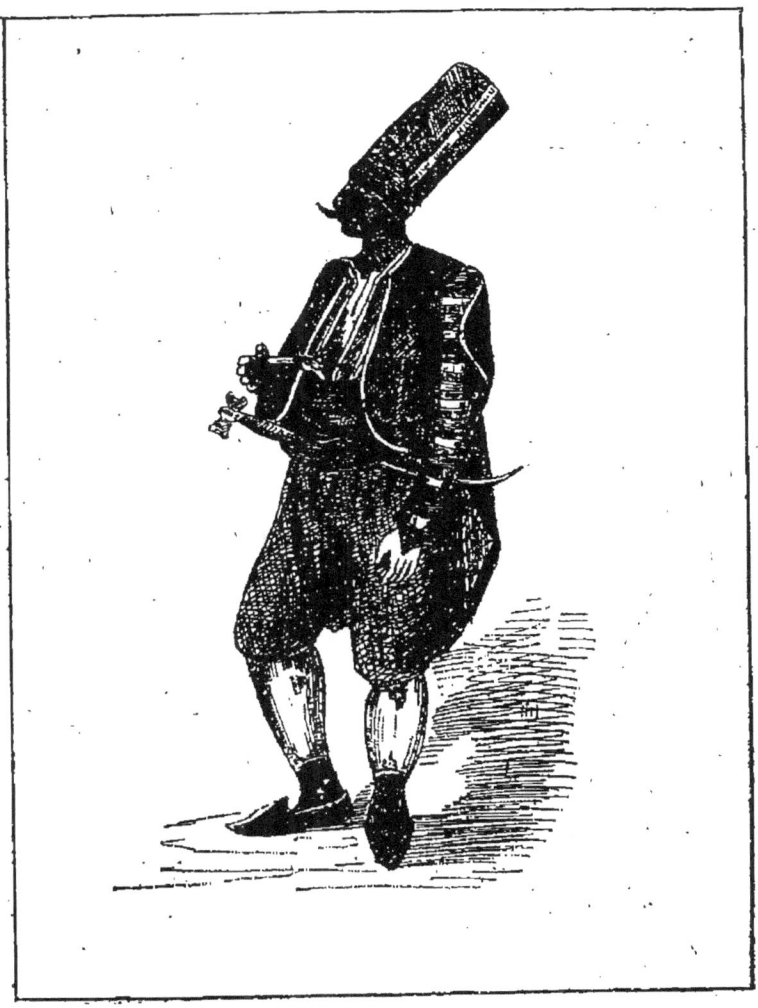

KARRAGHEUZ.

décor s'y trouve reflété comme dans les théâtres mécaniques de nos foires et les personnages y paraissent colorés, mais de profil et mus par des fils invisibles ou des appareils mécaniques.

Les pièces du répertoire de ce théâtre se composent toujours de scènes d'intrigues amoureuses. Karragheuz a un serviteur qui lui sert de confident, et un favori, Hadji-Aïvat qui embrouille et débrouille sans cesse les événements de la pièce; ajoutons à ceux-ci un type de Persan dont on se moque comme on fait chez nous de l'Anglais, de l'Alsacien et de l'Auvergnat.

L'île de Ceylan possède aussi une espèce de Karragheuz nommé Ranguin, qui comme immoralité dépasse encore celui-ci. M. Jacolliot raconte ainsi une représentation à laquelle il a assisté :

« Après avoir sapé tout ce qu'on est convenu d'appeler en Europe les bases sociales, traîné dans la boue tous les principes d'autorité, l'effronté déclarait que chacun était sur la terre pour s'y amuser à sa guise, et que pour son compte, il ne trouvait qu'une chose de bonne, les plaisirs de l'amour... Aussi, n'avait-il d'autre occupation que celle d'arriver à posséder toutes les femmes qu'il rencontrait, par séduction ou par force.

» Passe une jeune miss anglaise, en chapeau vert-pomme, qui promène sa mélancolie par la campagne. Ranguin lui fait une déclaration; elle résiste, et le polisson la sacrifie par force sur l'autel de Cythère... Arrive la suivante, à la recherche de sa maîtresse; même sort. La mère, demandant sa fille à tous les échos d'alentour, n'est pas plus respectée... Enfin le père, un bon vieux lord à longs favoris, à l'air respectable, vient savoir ce qu'est devenue toute sa famille. Ranguin s'élance sur lui... A cet instant, je me suis esquivé. »

Pour terminer par où j'aurais peut-être dû commencer, laissez-moi dire deux mots de *Pulcinella*.

Pulcinella, par son nom, par son origine antique, méritait en effet la première place parmi cette énumération de polichinelles et si je l'ai gardé pour la fin, c'est que la dernière place est souvent meilleure que la première. Tout d'abord, à son entrée, nous autres Français, nous n'allons pas le reconnaître. Son visage est à moitié caché par un loup; sa taille, sans bosses, est serrée dans une casaque blanche et il a sur la tête une espèce de bonnet de coton, droit comme une mitre. Qui reconnaîtrait là le joyeux polichinelle de nos castelets? Mais quelle gaieté! Comme il mène la pièce! Comme il réplique bien à *Gianduja* (Jean Chopine), à *don Pangrazio* qu'il appelle câlinement *Cocoziello* (cornichon), à *dame Petronia*, au docteur *Bellandrone* de Bologne, à *Pantaleone* de Venise, à *Cassandrino* de Rome, à *Arlequin* de Bergame?

Un autre type populaire des marionnettes est la

Mère Gigogne. L'histoire ne nous donne aucun renseignement sur son origine, elle est sans doute contemporaine de Polichinelle, mais nous n'avons trouvé aucun document qui pût nous l'affirmer. Que nous importe ! A nos yeux elle représente la fécondité roturière et à ce titre elle a dû plaire à tous les souverains batailleurs.

Parlerais-je maintenant de Pierrot, gourmand et naïf, d'Arlequin, séducteur et rusé, de Cassandre toujours dupé : ce sont des types de la comédie italienne que vous connaissez aussi bien que moi. Puis quand je vous aurai dit que le juge est toujours partial, le gendarme toujours détesté et le bourreau toujours pendu, je ne vous aurai donné aucun renseignement nouveau. Il y a cependant un personnage qui ne fait partie d'aucune pièce, mais qui cependant autrefois paraissait dans toutes et dont je veux vous dire deux mots. Je veux parler du chat, qui, dans mon enfance, se tenait toujours sur la tablette du théâtre.

D'où venait cette légende? Pourquoi ce personnage animé était-il condamné à assister ainsi à toutes les représentations? On ne l'a jamais su! Représentait-il le public quand le public avait fait défaut, ou plutôt la critique, car enfin le chat a des griffes...? On l'ignore! Toutefois le chat était le complément indispensable d'une représentation de marionnettes.

Avec quelle gravité il se tenait assis au coin de la scène. Il était là, emmitouflé dans sa fourrure, les yeux fermés, immobile, muet. Mais Polichinelle entrait, le chat se reculait un peu, il sentait l'ennemi; d'un bond, il eût pu s'élancer hors du théâtre, il ne le faisait pas, il restait, attendait l'attaque; il comprenait qu'il avait une mission, celle de résister à Polichinelle à qui rien ne résistait. Et Polichinelle, armé de son bâton, s'attaquait carrément à lui, il ne lui faisait pas grâce : Tout d'abord, il le taquinait d'un coup de pointe ; le chat se levait gravement et, sans se presser, traversait la scène, mais Polichinelle revenait à la charge : le chat levait la patte et semblait jouer avec le bâton. Ce duel étrange amusait énormément la galerie, peut-être plus que la pièce. Cependant les attaques se multipliaient, le chat se désengourdissait et était agressif à son tour, la lutte devenait de plus en plus intéressante ; les coups de bâton alternaient avec les coups de griffes, quel serait le vainqueur ? D'abord, y aurait-il un vainqueur ? Mais le pauvre chat qui, à un moment donné, sentant sa patience à bout, a failli se révolter, courbe sa tête sous le bâton, il se laisse rouler comme un vaincu et finit par dégringoler dans la baraque pendant que Polichinelle, d'une voix de crécelle, chante sa victoire ! Alors au bruit des applaudissements, le rideau tombe et le chat vient lentement se replacer sur le bord de sa tablette, afin d'être prêt pour la pièce suivante.

Je crois être certain qu'aucune idée philosophique n'a présidé à l'introduction du chat dans la baraque de Polichinelle, mais enfin ne m'est-il pas permis de supposer que cet animal régulièrement martyrisé par ce misérable Polichinelle, et revenant sans cesse au-devant de son martyre est l'image des pauvres déshérités de notre société qui jouent avec le bâton qui les frappe sans les écraser, mais qui ne peuvent pas s'en servir. Il est vrai que, s'ils pouvaient s'en servir, ils tueraient probablement Polichinelle... Et quand il n'y a plus de Polichinelle on peut bien dire qu'il n'y a plus de société.

Mais rassurons-nous, il y aura toujours des chats qui seront battus et des Polichinelles qui les battront. L'important est de ne pas être le chat !

VI

LES AMIS DES MARIONNETTES : Byron, Gœthe, Haydn, Voltaire, Gounod, Théophile Gautier, Gérard de Nerval, Charles Nodier. — Anecdote. — La pratique. — LE THÉATRE DE DURANTY : *Les Plaideurs malgré eux*, analyse de la pièce. Argument de la pièce. — Histoire d'un théâtre de Marionnettes.

Si les marionnettes ont été créées pour le plus grand amusement des enfants, elles n'ont pas tardé à intéresser les personnes les plus graves, dans toutes les classes de la société. Les unes s'en sont servies comme délassement, d'autres en ont fait l'objectif de leur esprit ou de leur ingéniosité. Byron disait :

Who loves not puppets is no fit to live.

(Celui qui n'aime pas les marionnettes n'est pas pas digne de vivre!) Gounod n'a pas dédaigné de composer *la Marche funèbre d'une marionnette* qui est simplement un petit chef-d'œuvre ; Voltaire les faisait venir à Cirey ; Gœthe a écrit une pièce pour ces petits personnages ; Haydn a composé pour eux cinq opérettes qui sont : *Philémon et Baucis, Genièvre, Didon, la Vengeance accomplie ou la Maison brûlée* et *le Diable boiteux*. Parmi les modernes, je citerai Théophile Gautier, Gérard de Nerval et Charles Nodier. L'auteur des *Souvenirs sur la Révolution* était un fanatique ; on raconte à ce sujet des anecdotes qui, bien que connues, doivent trouver leur place ici. Au temps où il n'était qu'un simple surnuméraire, Nodier manquait volontiers son bureau dans l'après-midi. Ces absences réitérées furent remarquées par son chef, un haut fonctionnaire qui lui en fit l'observation :

— Où passez-vous donc vos après-midi, monsieur Nodier ?

— Mon Dieu, monsieur, répondit le jeune homme, c'est aux Champs-Élysées, devant les marionnettes.

— C'est étonnant ! répliqua le fonctionnaire, je ne vous y ai jamais rencontré.

J'ignore si cette similitude de goûts lui valut de l'avancement ; toutefois Nodier ne se corrigea pas et de spectateur il devint un jour exécutant. Cette tentative eut lieu vers la fin de sa vie, dans le but d'amuser ses petits-enfants. A cet effet il se procura une voix de polichinelle, c'est-à-dire une *pratique*. La pratique est un petit instrument composé de deux lamelles de fer blanc unies et séparées par un petit ruban. Cet instrument se place dans la bouche entre la langue et le palais et produit les intonations étranges que chacun sait.

Mais si simple que cela paraisse, il n'est pas facile de parler et d'obtenir des tons en se servant de la pratique.

Longtemps Nodier essaya vainement et faillit même s'étrangler. De guerre lasse, il finit par où il aurait dû commencer.

Après une représentation des Champs-Élysées, il aborda le maître du Guignol et lui demanda des renseignements.

— Rien n'est plus facile, lui dit l'operante, tenez, voilà ma pratique, essayez !

L'amour de l'art supprima le dégoût, Nodier prit la pratique et la mit bravement dans sa bouche.

— Parlez maintenant, dit le Castelier.

— C'est précisément ce que je ne puis faire, répondit Nodier, j'ai peur de l'avaler !

— Bah ! risquez-vous, quand vous l'avaleriez, vous n'en mourrez pas !

— Eh ! mais...

— Nullement ! Tenez celle que vous avez là, je l'ai déjà avalée plus de dix fois !

Vous voyez d'ici la figure de Nodier !

De nos jours des auteurs de talent se sont beaucoup occupés de marionnettes, non seulement ils les ont tenues sur leurs doigts, mais ils leur ont fait un répertoire spécial. Parmi ceux-ci il en est deux qui méritent une notice spéciale. Je veux parler de Duranty et de Maurice Sand.

LE THÉATRE DE DURANTY.

En 1861, un homme de lettres de talent et qui était aussi un aimable garçon, sollicita et obtint le privilège d'établir un théâtre de marionnettes dans le jardin des Tuileries. Il s'appelait Duranty. Ce théâtre était élégant, les décors soignés, les personnages sculptés par des artistes habiles et les pièces philosophiques et littéraires. Un poète ultra-fantaisiste, Fernand Desnoyers, avait même rimé le prologue, dans lequel Polichinelle engageait à coups de bâton : Pierrot, Cassandre, Arlequin, Colombine, le commissaire, le gendarme, le pâtissier, l'apothicaire, Fracasse, Scapin, le magicien, la fée, le diable, la mort et même la mère Gigogne qui demandait pourquoi faire. Et Polichinelle répondait :

> Pour amuser les gens, parbleu, sur mon théâtre,
> Tu vas enfin sortir du charbon de ton âtre !
> Tu seras au niveau de Suzanne Lagier
> Tu feras connaissance avec Emile Augier
> Dumas fils et Feuillet ! Comme ce sera drôle !
> Je vais prier Ponsard de te donner un rôle
> Mais pour mériter tant d'honneurs ébouriffants,
> Que sais-tu faire, dis ?

LA MÈRE GIGOGNE.

Des enfants !

POLICHINELLE.

Des enfants !

Et la mère Gigogne pondait plusieurs marmots que Polichinelle engageait au fur et à mesure, d'un coup de bâton. Car l'esthétique de Duranty était le coup de bâton.

Dans la préface du recueil de ses pièces, publié chez Charpentier en 1880, Duranty pose cet axiome :

« Ce que *font* les marionnettes domine entièrement ce qu'elles *disent*. »

Alors pourquoi publier ce que *disent* les marionnettes puisque le livre ne permet pas de voir ce qu'elles *font*.

Il ajoute :

« La marionnette tire tous ses avantages de son corps, de la matière en un mot, et est un être inférieur sous le côté intellectuel, spirituel. »

Ici, je ne suis pas de son avis. Le coup de bâton est, à mon sens, un moyen matériel, de souligner, aux yeux de l'enfance, l'esprit ou la morale du personnage ; il a pour lui la drôlerie du geste et du fait ; la cruauté naturelle de l'homme le fait rire des coups reçus par un autre, mais encore ces coups doivent-ils être justifiés, sans quoi la pièce manque d'intérêt parce quelle ne contient pas de leçon.

Le théâtre même de Duranty vient à l'appui de ma théorie.

Feuilletons donc ce volume qui ne contient pas moins de vingt-quatre pièces, toutes plus philosophiques les unes que les autres et qui grâce aux coups de bâton, il est vrai, ont pu amuser les enfants, mais aussi et peut-être davantage intéresser les parents.

Chaque pièce est précédée d'un argument qui en est la synthèse. Argument ironique et triste, car Duranty est pessimiste ; dans son répertoire la potence joue un grand rôle, le diable est souvent le dernier justicier ; Polichinelle, qui est son principal personnage, résume tous les vices et Pierrot l'imite un peu. Le juge ne songe qu'à pendre sans écouter et le gendarme qu'à arrêter sans mandat. C'est une société fantastique plus tragique que bouffonne où je regrette de voir absents deux éléments indispensables aux œuvres dramatiques, fussent-elles destinés à être jouées par des marionnettes. Je veux dire : le comique et l'esprit. La philosophie domine tout.

Voici l'analyse d'une de ces pièces. Elle est intitulée : *les Plaideurs malgré eux.*

Deux avocats cherchent des causes. Le premier rencontre Pierrot et veut à toute force en faire son client, le second rencontre madame Bégriche et veut la décider à plaider quoiqu'elle n'ait aucun sujet pour cela. Madame Bégriche a un perroquet et Pierrot un chat, et nos avocats tuent les deux animaux. Le crime commis, le premier avocat persuade à Pierrot que madame Bégriche a tué son chat et le second affirme à madame Bégriche que c'est Pierrot qui a étouffé son perroquet. Malgré leur affliction, ceux-ci ne veulent toujours pas plaider, de sorte que les avocats sont obligés de les entraîner de force chez le commissaire.

Le commissaire, qui dort à moitié, les condamne l'un et l'autre à être pendus. C'est alors que les avocats réclament leurs honoraires, mais madame Bégriche et Pierrot bousculent le commissaire et se sauvent après avoir battu les avocats.

Mais à la troisième partie, ceux-ci les rattrapent et se font assommer par les plaideurs malgré eux, alors, se relevant tous moulus, ils ramassent les bâtons et après une grande bataille, ils se tuent tous deux.

Voici la pièce et voici maintenant l'argument dont la fait précéder Duranty.

« Les avocats, les commissaires, les gendarmes, les médecins ou les apothicaires, en général toute profession qui ne se rattache pas au *plaisir*, ont été voués de tout temps à l'exécration de la comédie et surtout de la comédie des mimes et des marionnettes.

» Aussi existe-t-il dans ce dernier monde des marionnettes une pyramide curieuse. A la base, écrasés et à plat ventre, s'étalent (juste punition) les Cassandre, les Pierrots, les Arlequins, les Niflanguilles, les vieilles; sur ceux-ci, les pauvres gendarmes, épuisés eux-mêmes par le faix, appuient leurs talons. Les terribles avocats s'étagent au-dessus, trop occupés de gesticuler et parler pour ressentir aucun ennui de la charge qu'ils supportent. Enfin, tout en haut, resplendit le bon et triomphant commissaire, qui s'écrie de toute la sonorité de son gros nez et de ses grosses joues : pendez, pendez, pendez !

» Tout autour, noyées dans une perspective indécise et pleine de vapeurs, se rangent d'innombrables potences auxquelles sont attachés commissaires, avocats et gendarmes. Ce fond du tableau n'est autre que le rêve des gens de la basse, les Pierrots, les Arlequins, rêve que leur malice réalise souvent. »

Sans doute le tableau est ingénieux, mais avouez, avec moi, qu'il manque de gaieté et je doute fort que les enfants et même les grandes personnes aient déduit cette appréciation philosophique de la pièce que je viens de vous raconter.

Le théâtre des Tuileries a duré pendant quelque temps avec ce répertoire, puis Duranty s'en est débarrassé et ses successeurs moins philosophes et littéraires, mais plus pratiques, ont repris les pièces enfantines ordinaires. Les coups de bâton étant restés, les enfants ne se sont aperçus de rien!

Cette fantaisie d'un homme de lettres de talent est déjà oubliée, mais il est bon qu'on sache tous les efforts qu'il a faits pour arriver à un résultat aussi éphémère.

C'est lui-même qui va nous raconter l'histoire de son théâtre de marionnettes.

« L'idée de ce théâtre m'étant venue tout à coup, et ma demande ayant été accueillie, je me mis à l'œuvre pour établir le monument.

» Un architecte me fit le dessin d'un petit temple grec. Comme Polichinelle eut été fort dépaysé dans le milieu antique, et qu'il n'a jamais partagé, d'ailleurs, les idées d'art de M. Gérome, le projet du temple fut écarté promptement.

» Après le temple, je fis exécuter par d'autres architectes des dessins dont je fus bientôt dégoûté, parce qu'à leur vue tout le monde s'écriait : « Mais » ce sont des projets de tombeaux. »

» Je me retournai d'un autre côté, et on me donna un superbe projet. Malheureusement, tous ceux à qui je le montrais trouvèrent que cela représentait trop bien un fourneau.

» Sans me décourager, je m'adressai ailleurs, et cette fois j'obtins un très joli modèle de pendule. Ainsi le proclama l'avis général.

» J'avais perdu deux mois à passer du temple au tombeau, du tombeau au fourneau, du fourneau à la pendule, sans me laisser séduire.

» Je me décidai à être mon propre architecte, et je m'arrêtai au petit édifice recouvert d'un petit pavillon qu'on peut voir dans les Tuileries. Je me croyais sauvé, délivré de toute comparaison fâcheuse, lorsqu'un jour, j'entendis un soldat s'écrier :

» Ah ! voilà une belle guérite ! »

» Il va sans dire qu'aucun architecte ne peut concevoir que j'aie préféré la boîte traditionnelle recouverte en perse soyeuse et douce, ornée d'oiseaux et de personnages à ramages éclatants en relief, que j'aie préféré cette petite décoration tout à fait pulcinellesque et nouvelle aux poncifs de tombe, de fourneau, de pendule et de temple grec.

» Je dois déclarer, du reste, que placé en plein air, au milieu des marronniers écrasants de grandeur, mon petit théâtre a beaucoup moins d'éclat qu'il n'en avait dans un appartement.

» Il paraissait énorme à l'atelier ; là, il s'est amoindri. Tel qu'il est cependant, je soutiens qu'il a été fait avec goût et originalité. Les oiseaux et les personnages sont exécutés dans un système excellent pour une décoration d'intérieur, et, à l'extérieur, ils ont encore beaucoup plus d'éclat et de nerf que n'importe quelle peinture.

» Une partie de la façade, le rideau d'avant-scène

et son cadre ont été peints décorativement, et ils font triste mine à côté du reste. Mais je reprends la suite des événements. L'architecture bien arrêtée, il ne restait plus que les marionnettes, les pièces, les costumes, les décors et les machinations à créer.

» Tous mes amis peintres ou sculpteurs étaient occupés de l'Exposition, et ne purent ou ne voulurent m'aider.

» On me donna le conseil de modeler les têtes moi-même, bien que je n'eusse de ma vie su ce que c'était. Puisque j'avais fait l'architecte et le décorateur, je pouvais bien essayer de faire le sculpteur.

» Il ne manquait plus que quelqu'un qui sût tailler le bois.

» Je trouvai heureusement le plus amical et le plus habile auxiliaire en M. Lebœuf, sculpteur de beaucoup de talent, auteur d'une des meilleures statues du salon actuel : *le Spartacus nègre*.

» Non pas que M. Lebœuf, à cause de cette diabolique exposition, ne m'ait fait perdre un mois entier, mais il a taillé avec une grande hardiesse les types que j'avais préparés, les a rectifiés et y a joint, *ipso facto*, la tête de Cassandre, de la Mère Gigogne, du vieux marquis, du nègre, du crocodile, sans compter quelques autres. Cependant j'en revendique glorieusement, pour ma part, plus de vingt.

» Les costumes furent l'objet de luttes sans nombre, les exécutants tenant obstinément à les faire jolis et non pas grotesques.

» Quant aux décors, après de nombreuses et inutiles démarches auprès de plusieurs peintres, je m'adressai à des décorateurs, qui se chargèrent d'établir aussi la machination.

» Ce fut l'affaire d'un mois. Tous les gens que je parvenais à engager pour travailler au petit théâtre éclataient en gémissements au bout de deux ou trois jours : Oh! nous ne nous doutions pas de ce que c'était ; on ne se figure pas quel mal il faut se donner.

» Les ouvriers ne comprenaient jamais ce qu'on leur demandait. C'était le serrurier qui faisait la besogne du peintre, et le peintre celle du menuisier qui, à son tour, concevait mieux la serrurerie que sa propre boiserie. Le décorateur, homme de six pieds de haut et de cinq de large, fondit en sueur, et, quand il eut achevé sa triste tâche, il était devenu tout petit et tout maigre !

» La question des pièces, dès qu'elle fut présentée à la littérature, excita un grand effroi. Partout on me répondait que c'était une arme trop difficile, qu'on n'avait jamais fait de pareils essais. Enfin, M. Ferdinand Desnoyers, plus hardis que les autres, écrivit le prologue d'ouverture, poésie remarquable sous tous les rapports. Grâce à l'énergie de cet ami, il ne resta plus d'excuses à personne, et les pièces arrivèrent.

» On me fit dire alors que le théâtre relèverait de la commission d'examen des ouvrages dramatiques, mais en revanche on m'interdit de mettre des affiches dans Paris.

» Il ne fut pas facile non plus de former la troupe de chair et d'os !

» Il n'y a pas de spécialistes à Paris. Les Champs-Élysées n'ont point créé une pépinière d'artistes en *castolets* (c'est ainsi qu'on appelle les marionnettes sans fils); il ne fallait songer qu'à une chose : trouver des comédiens dévoués qui voulussent bien se laisser former.

» Je courus avec M. Lallemand, qui m'a secondé très énergiquement dans toute l'entreprise, tout autour des théâtres de banlieue, des cafés-concerts et le long du boulevard du Temple, et un curieux défilé de personnages commença devant nous.

» Des comédiens de toute forme vinrent se présenter, invariablement plein d'aplomb, ayant tous rempli les premiers rôles, tous dédaigneux des marionnettes, demandant des appointements extravagants que j'étais d'ailleurs, décidé à donner.

» Nous en entendîmes une vingtaine, et nous fîmes enfin l'affaire avec des gens qui nous parurent être modestes et dociles.

» L'éducation de ces acteurs dura six semaines au moins. Heureusement il s'est trouvé que l'un d'eux est devenu un artiste très sérieux et très remarquable en marionnettes.

» Ainsi il a fallu cinq mois d'effort violents et sept mille francs pour établir ce petit théâtre. Mais l'argent ne représente pas l'équivalent de la dépense réelle en *art* et en *temps*. »

Cet article curieux de Duranty est extrait de l'*Almanach parisien* pour 1862, publié par Fernand Desnoyers chez Eugène Pick, de l'Isère.

VII

Le théâtre de Nohant. — Personnages. — Répertoire. — Jouets et Mystères, pièce de Maurice Sand. — Analyse de la pièce.

Il est impossible de parler marionnettes sans consacrer un chapitre à celles qui ont charmé pendant si longtemps les soirées du château de Nohant. George Sand et son fils Maurice étaient l'âme de ce petit théâtre sur lequel ont été représentées des pièces qui plus tard ont eu un succès éclatant sur des scènes véritables. L'illustre auteur de *l'Homme de neige* nous a laissé sur l'origine et l'organisation de ce théâtre des renseignements les plus curieux.

C'est en 1847, que Maurice Sand et son ami Eugène Lambert, tous deux élèves de Delacroix, s'occupèrent de ce passe-temps humoristique. Le public se composait seulement alors de madame Sand et de Victor Borie, alors journaliste en province.

Le théâtre était primitif, c'était « une chaise dont le dos tourné vers les spectateurs était garni d'un grand carton à dessin et d'une serviette cachant les deux artistes agenouillés ». Les marionnettes, plus primitives consistaient en « deux bûchettes à peine dégrossies et emmaillotées de chiffons ».

Le succès de la « première » fut tel que l'on songea tout de suite à se procurer une installation plus confortable.

« Le nouveau théâtre se composa d'un léger châssis garni d'indiennes à ramages et de sept acteurs taillés dans une souche de tilleul : M. Guignol, Purpurin, Pierrot, Combrillo, Isabelle, Della Spada Capitan, Arbaït, gendarme et un Monstre vert. »

Ce monstre vert, qui était bleu, avait été confectionné par madame Sand avec une paire de pantoufles doublées de rouge et le corps avec une manche de satin bleuâtre.

On jouait des féeries, mais la troupe fut bientôt insuffisante et le théâtre, composé de deux coulisses et d'une toile de fond ne tarda pas à être trouvé trop petit. On s'en contenta provisoirement, lorsqu'un beau jour, Victor Borie voulant représenter un incendie, l'incendia pour tout de bon.

Cet accident, commun à tous les théâtres, obligea les artistes à en construire un du double plus grand, dans lequel, la première année, c'est-à-dire le premier hiver on joua jusqu'à sept pièces dont voici les titres :

Pierrot libérateur. — *Serpentin vert*. — *Olivia*. — *Woodstock*. — *Le Moine*. — *Le Chevalier de Saint-Fargeau*, et *le Réveil du lion*.

L'année suivante, en 1848, on en joua douze et la troupe fut renforcée. Les nouveaux sujets s'appelaient : Cromwell, Léon, Lacroix, Valsenestre, Cléanthe, Louise, Rose, Céleste, Ida et Daumont.

La révolution de Février interrompit les représentations, mais elles reprirent en 1849.

La troupe se composait maintenant de dix-sept personnages et le théâtre fut installé à demeure « dans une petite pièce voûtée qui servait de garde-meuble » et qu'on appelait la *salle des archives*.

Maurice Sand, pris de passion pour le nouveau théâtre, y apporta tout de suite de nombreux perfectionnements. Il installa un éclairage complet : rampe, herse, lumière électrique, etc. Des verres rouges ou bleus permettaient d'obtenir des effets d'incendie ou de clair de lune. A l'aide d'une lanterne magique devenue mobile par un tournebroche, la lune ou le soleil se levaient et se couchaient. Enfin il avait brossé des décors merveilleux. Maurice était d'une ingéniosité remarquable : tout lui servait pour produire des effets. Il avait trouvé moyen de faire valser ses personnages en les adaptant à cet instrument de cuisine qui, à l'aide d'un engrenage sert à faire la mayonnaise ou à battre des œufs ; à l'aide de traverses ou de coulisseaux les personnages placés sur des tiges flexibles pouvaient être abandonnés par l'opérant et faire de la figuration. Il avait même fabriqué des marionnettes plus petites que celles du premier plan, dont il ne se servait que dans le fond du théâtre et qui donnaient l'illusion de l'éloignement.

Le théâtre fut bien vite en voie de prospérité. Les spectateurs devinrent plus nombreux et aussi les artistes parlants. Parmi ceux-ci, je citerai Thiron, qui n'était pas encore à la Comédie-Française, Lambert, Alexandre Manceau, Victor Borie qui avait passé de la salle dans les coulisses, Sully Lévy, le comédien, Victor Cadol, l'auteur des *Inutiles*, Charles Marchal, le peintre, Porel, le directeur de l'Odéon, Bocage, Planet et bien d'autres, tous gens d'esprit et de talent : le répertoire fut à la hauteur de ces nouveaux interprètes :

On jouait : *Oswald l'Écossais*. — *L'Auberge du Haricot vert*. — *Sang, sérénades et bandit*. — *Robert le maudit*. — *Les Sangliers noirs*. — *Une Femme et un sac de nuit*. — *Les Filles brunes de Ferrare*. — *Le Spectre chauve*. — *Pourpre et sang*. — *Les Lames de Tolède*. — *Roberto, le bon voleur*. — *L'Ermite de la marée montante*. — *Une Tempête dans un cœur de bronze*. — *Le Cadavre récalcitrant*, etc.

Toutes ces pièces étaient souvent improvisées

sur canevas, inspirées par un événement du jour, une chronique locale, une visite incongrue.

Cela dura jusqu'en 1872. La dispersion de la famille, la mort de quelques amis et enfin le manque de temps arrêtèrent ces intéressantes représentations.

Mais Maurice Sand ne lâcha pas pied et pour être tenu par lui tout seul, le théâtre ne fonctionna pas moins.

Les personnes qui n'ont jamais tenu sur les doigts des marionnettes, des guignols plutôt, ne peuvent s'imaginer l'attrait puissant qu'offre cette ingénieuse récréation. Si l'auteur dramatique est passionné pour son œuvre parce qu'il crée des situations et imagine des intrigues qu'il noue et débrouille à son gré, si le comédien est empoigné par le caractère et la réalité qu'il essaye de donner au personnage qu'il doit représenter, si même le directeur de théâtre qui est artiste, trouve un charme infini, quoique coûteux, à faire brosser de brillants décors, à se procurer des accessoires de prix ; le montreur de marionnettes, l'operante, est bien plus emballé encore, car il résume en lui : l'auteur, le directeur et le comédien, auxquels il convient d'ajouter le costumier, le cartonnier, le sculpteur, le décorateur ! — Avant qu'il lève son rideau, ce qu'il va montrer et ce qu'il va dire est son œuvre et il peut avoir une émotion légitime ;

mais dès que le rideau est levé, il n'y a plus de directeur, plus d'auteur, plus de comédien, tout cela est remplacé par un monde nouveau créé subitement, qui a sa vie particulière, ses passions, ses audaces, ses défaillances. L'operante disparaît pour faire place à deux personnages dont l'un est sur sa main droite et l'autre sur la gauche. Chacune de ces mains est un être à part ayant une âme, une voix et des mouvements distincts. Quand la main droite parle, la gauche écoute et s'apprête à la réplique. L'operante qui change sa voix suivant la main qui s'anime est devenu un être passif, un instrument; ce n'est pas avec sa volonté qu'il fait remuer les bras ou la tête du personnage qui est en scène, au contraire c'est le personnage qui est en scène qui l'oblige à lui prêter ses doigts et sa parole pour avoir de la vie. Chaque main est devenue un être pensant. Ce petit être né fortuitement, sans enfance, sans vieillesse, n'a d'autre âge que celui qu'il paraît, une fois son rôle terminé, il rend son âme à l'opérante et redevient ce qu'il était avant : une poupée inerte sans corps et sans voix. Car, c'est peut-être un paradoxe, on ne fait pas parler et mouvoir des marionnettes, on leur prête seulement la voix et la vie! C'est surtout quand on joue seul une pièce, que ce phénomène s'accomplit. La main prêtée au personnage s'agite à l'insu de l'opérante, et souligne ses paroles comme les doigts d'un pianiste habile se placent instinctivement sur les touches qui doivent émettre tel ou tel son. On dit bien qu'un artiste fait chanter son instrument, pourquoi ne dirait-on pas, qu'une operante fait parler ses pantins? Cette faculté de disparaître devant ses marionnettes, Maurice Sand l'a au suprême degré. Les spectateurs l'oublient quand il les montre, elles grandissent et avec elle le cadre du théâtre, et, captivés par l'action, ils croient assister à une véritable représentation dramatique donnée par des artistes vivants. Les gestes imparfaits des personnages ne détruisent pas même cette illusion, car ils ne sont pas automatiques. Vous pensez peut-être que leur face est immobile, parce qu'elle est sculptée et inanimée? Il n'en est rien, car il y a l'œil, fait d'un clou à facettes, sur lequel la lumière vient jouer et donner de l'animation; il y a la bouche entr'ouverte qui vue de face ou de profil semble parfois grimacer; et enfin le tremblement de la main levée qui soutient le personnage et donne la vie à tout son être.

Maurice Sand, qui ne recule devant aucun perfectionnement, a trouvé le moyen de faire mouvoir des guignols à jambes. C'est le comble de l'art. « Ils agissent comme les guignols ordinaires au moyen de la main de l'opérant cachée sous leurs vêtements. Mais son bras qui serait vu du public est masqué par de légères balustrades placées à différents plans et figurant les terrasses d'un jardin à l'italienne. Les personnages se meuvent le long de ces balustrades, les enjambent, s'y mettent à cheval, s'y couchent ou dansent en les effleurant de manière à ce que cette mince découpure se trouve entre la partie inférieure de leur corps et le bras qui les conduit. »

Le répertoire de Maurice Sand, interprété par lui, doit donc être très curieux. Malheureusement il est inédit, et je ne pourrais pas vous en donner d'idée si quelques-unes de ses pièces n'avaient eu les honneurs de l'impression.

J'en citerai une intitulée : *Jouets et Mystères*. La scène se passe à Nuremberg, au commencement du siècle. Nous sommes chez un marchand de jouets.

Anselme, le docteur Anselme de l'université d'Heidelberg, est devenu amoureux de Wilhelmine, la fille de Hanz, le marchand de jouets, et pour la voir à toute heure, à son gré, il s'est engagé chez elle comme commis de boutique. Mais il est tellement amoureux et timide qu'il n'ose pas se déclarer.

Le fils du conseiller Paykul est plus entreprenant ; je ne crois pas qu'il soit aussi honnête, mais enfin il arrive à faire accepter des billets de faveur pour la comédie, où il accompagnera Wilhelmine et son père.

Peu après la visite du jeune Paykul, passe Mardochée, un vieux juif qui vend des poupées ; il ne lui en reste plus que sept et il les cède à bon marché à Hanz qui les trouve très jolies et voudrait connaître le nom du fabricant; mais le jeune Paykul étant revenu avec son carrosse pour les conduire à la comédie, le marchand de jouets remet son enquête au lendemain et s'en va avec sa fille laissant la garde de la maison à sa servante Dorothée et à son commis Anselme. Dorothée trouve Anselme à son goût, mais Anselme feint de ne pas s'en apercevoir, si bien que, dépitée, la servante le laisse pour aller chez la mère Gertrude, qui donne un bal ce soir-là. Resté seul, Anselme range les poupées dans des petits lits de coton, les admire, leur parle, les embrasse et finalement s'assied sur une chaise en attendant ses maîtres et finit par s'endormir.

Jusqu'ici, la comédie est vraisemblable et pourrait se passer partout ailleurs qu'à Nuremberg, mais voici la féerie qui commence.

Aux sons d'une musique douce et mystérieuse, allant en *crescendo*, comme dit le livret, la lune se lève et monte dans le ciel et la reine des poupées s'éveille.

Elle s'éveille, la reine des poupées, parce qu'Anselme lui a donné un petit baiser quelle a trouvé énorme et que cela a dissipé son enchantement. Comme leur souveraine, les poupées renaissent à la vie et considèrent le personnage qui la leur a rendue.

— Ah! qu'il est gros et grand!

— Ne craignez rien, dit la reine, il est doux et bon! Je vais l'éveiller et il nous aidera à sortir d'ici.

Et la voici qui grimpe sur Anselme au grand étonnement des poupées qui admirent son audace.

Elle raconte alors à Anselme quelle s'appelle Lunaria et qu'elle habite la lune ; que pendant une promenade aérienne, avec sa suite, elle est entrée dans le courant terrestre et que Angramanyou, le génie des feux souterrains a dispersé leur flotte pendant qu'elles touchaient terre... A ce moment du récit, le tam tam ronfle, un bruit sourd se fait entendre, les poupées sont effrayées, Anselme les cache dans ses poches, réservant à la reine une place sur son cœur, dans son gilet et le génie Angramanyou apparaît. La conversation du génie avec Anselme est d'abord assez philosophique, mais Anselme a hâte de s'en débarrasser et comme Angramanyou ne veut partir que si l'on met en sa possession les lunariennes tombées sur la terre, Anselme le trompe et lui livre un paquet de bonshommes en carton pendus au mur. A peine le génie les a-t-il saisis qu'il les jette dans le feu et disparaît au milieu des flammes, pendant que le tam tam ronfle de nouveau.

Délivrées de leur ennemi, les poupées sortent peu à peu des poches d'Anselme et pour le remercier lui donnent un petit ballet.

Tout à coup des araignées monstrueuses descendent du plafond, les poupées épouvantées s'enfuient de tous côtés en criant : « Les monstres ! Les monstres ! » Anselme court à leur secours et évoque les esprits : « Venez, esprits errants de la nature et de la civilisation ! Venez revêtir vos formes primordiales ! Chassez les monstres fils de l'ignorance et des ténèbres ! » Au même instant les araignées remontent devant un groupe de balais de toutes sortes.

Je reproduis la scène qui a un caractère fantastisque, hallucinant, des plus curieux :

CHŒUR DES BALAIS

Oui, nous sommes les balais ! amis de la propreté, amis de l'ordre, amis de tout ce qui luit, reluit, brille et scintille. Oui, nous sommes les balais.

LE BALAI.

Je cours, je vais, je viens sur les tapis moelleux, sous les meubles, comme la mouette cendrée sur les vagues écumeuses, ou le noir dauphin parmi les flots argentés, je chasse devant moi les mites, les teignes et les larves nocturnes, invisibles agents de la grande dévastation de la nature !

Et le chœur reprend :

— Oui, nous sommes les balais, etc.

LA TÊTE DE LOUP.

Hirsute, hérissée et terrible comme le sanglier aux soies rudes, je veille dans la demeure des hommes et, de mon antre obscur, je m'élance hardiment vers les corniches où je fouille et farfouille avec ardeur les coins et recoins. Je surprends dans son repaire, je chasse ou j'écrase sans pitié l'araignée nocturne, emblème de la rapacité, de l'égoïsme et du désordre.

LE CHŒUR.

Oui, nous sommes les balais etc.

LE PLUMEAU.

Partie intégrante du coq matinal, moi, le plumeau, semblable à l'hirondelle qui fend l'air de son vol rapide, je disperse les atomes et les molécules impalpables, qui, sans moi, envelopperaient bientôt le globe terrestre et l'humanité d'un linceuil de poussière.

LE CHŒUR.

Oui, nous sommes les balais etc.

LA BROSSE DE TABLE.

Alors que dans un festin immense, les grands de la terre réunis voient monter vers le ciel le fumet des viandes succulentes et repaissent leur odorat du parfum des fruits de la chaste Pomone, je viens discrètement, recourbée comme un arc, et légère comme une flèche, me jouer sur la blanche nappe, en faisant disparaître les miettes du froment le plus pur!

LE CHŒUR.

Oui, nous sommes les balais etc.

A ce moment avance un gros de Ballons, ce sont les ennemis des balais :

— Avançons, frères, avançons! Vent et fumée! Coups et contrecoups! Bonds et rebonds! Telle est notre devise!

Combat entre les balais et les ballons. Les balais lassés de frapper tombent épuisés. — Lunaria qui se voit perdue sort de la poche d'Anselme et le prie de s'en mêler; celui-ci se bat alors contre les ballons furieux qui reviennent toujours à la charge. Les balais, drapeau en tête, reprennent l'offensive; les ballons chassés disparaissent, les balais les poursuivent. Ils sortent tous.

Je n'ai pas vu la représentation de la pièce et ne m'imagine pas comment Maurice Sand a pu, à lui tout seul se charger de l'exécution; mais je suis bien tranquille, elle a dû être surprenante et les spectateurs qui ont eu le bonheur d'assister à cette féerie ont dû en rêver.

Quand le calme est rétabli, Lunaria sort de la poche d'Anselme, et se montre effrayée de ne voir plus ses compagnes et d'être seule avec lui.

Anselme la rassure il la supplie de renoncer à la lune et de rester sur la terre, car il l'aime beaucoup :

— J'ai pour toi une amitié sans bornes, immense... Est-ce que tu ne me comprends pas?... Tu ne dis plus rien ! Serais-tu devenue muette ? Qu'as-tu ? Il me semble que tu as déjà grandi... tu es encore plus belle... Oh! ma chère petite compagne ! Je t'aime à en perdre la raison... Ne me quitte pas !... Eh bien, si tu veux t'en aller, je te suivrai ; j'irai avec toi dans la lune, dans les étoiles... mais dis-moi que tu veux bien de moi pour ton ami... consens à être ma compagne pour toute la vie !...

La poupée qui a grandi petit à petit pendant la tirade précédente devient Wilhelmine. La fin se devine : émue par cette déclaration, la fille de Hans donne sa main à Anselme et montre Lunaria couchée dans son berceau.

— Oh ! ne la vendez pas, cette poupée, dit le timide docteur, sans elle, je n'aurais jamais eu le courage de vous dire que je vous aime !

Telle est cette pièce curieuse, originale et qui laisse bien loin derrière elle les libretti informes des auteurs ordinaires.

Aujourd'hui, le théâtre de Nohant est installé à Passy dans l'hôtel de M. Maurice Sand, dans une petite salle fort coquette au plafond voûté et peint à l'italienne et qui peut contenir une cinquantaine de spectateurs. Le rideau représente une grande draperie rouge soulevée par Pierrot qui jette un regard dans la salle. Dans le haut, le buste de Molière ; au bas : 1847 date de la fondation du théâtre.

Un orgue de Barbarie, placé dans la coulisse, sert d'orchestre. Si je vous faisais pénétrer dans les coulisses, où il n'est pas facile d'entrer, vous seriez étonné de voir que tout a été prévu pour le plus grand plaisir des spectateurs et aussi pour la facilité de l'operante. Ici, à portée de la main sont rangés les bruits de théâtre : le tonnerre, la pluie, la mer en furie, le chemin de fer, etc. Là, une ficelle tirée produit la nuit ou change la lumière ; là haut, les décors sont accrochés, leur nombre en est si grand et si complet qu'il faudrait souhaiter à l'Opéra d'avoir une pareille installation. — A côté du théâtre, dans une grande salle, les artistes sont rangés dans de vastes armoires et çà et là des tables couvertes d'accessoires ébauchés, de costumes, de cartonnages figurent les ateliers généraux du théâtre de Nohant.

De temps à autre, le maître de maison avertit ses intimes qu'il y aura une représentation... une première ! — et personne ne fait défaut, je vous jure.

D'après ce que je viens de vous dire sur ce charmant théâtre, vous regretterez comme moi, sans doute, de ne pas faire partie de cette intimité[1].

[1] Depuis que j'ai écrit ces lignes, Maurice Sand est mort, son théâtre a été dispersé, il est oublié! Ah! si les marionnettes avaient des fonds, les pauvres! Comme elles lui élèveraient une statue!

VIII

Le Guignol lyonnais. — Mourguet. — Le père Thomas. — Jacques Mourguet. — Louis Josserand. — Wuillerme. — Origine du nom de Guignol : Chignolo. — Autre version. — Portrait de Guignol. — Son caractère. — Le Canut. — La Madelon. — Gnafron. — *Mémoires de l'Académie du Gourguillon.* — Son diplôme. Ses pièces. — Répertoire populaire de Guignol. — Analyse des *Couverts volés.* — Analyse du *Marchand de veaux.* — Analyse du *Déménagement.* — Citations. — Scène IX. Le modernisme. — Pierre Rousset. — Sa poésie. — Extrait de la parodie de *Robert le Diable.*

Le Guignol lyonnais a une renommée européenne et elle est méritée. J'ai vu rarement plus de dextérité dans le jeu, plus d'entrain et de drôlerie dans les paroles que dans les pièces patoisées qui sont jouées à Lyon. Aujourd'hui, ces guignols n'ont plus la veine d'autrefois et cela tient à ce que les artistes *operanti*, ou pour parler plus communément, les casteliers n'ont plus la tradition, ni le jargon canut ; Guignol et Gnafron sont deux types qu'il n'est pas aisé de faire parler. — Toutefois on passe avec plaisir une soirée à la galerie de l'Argue ou chez Rousset, au quai Saint-Antoine.

Ce théâtre de marionnettes a aussi son histoire.

Mourguet, le créateur de ce genre à Lyon, naquit en 1745. On ignore à quel âge il établit son petit spectacle, mais ce fut dans la rue Noire. Il le vendit ensuite à un M. Verdet qui le transforma en crèche.

Les crèches, à Lyon, sont des spectacles de marionnettes où l'on joue des scènes du Nouveau Testament, principalement *l'Étable de Bethléem*... C'est un reste des anciens mystères. Le père et la mère Coquard y sont les personnages principaux et obligatoires parlant le langage lyonnais.

Mourguet joua ensuite rue des Prêtres, puis rue Juiverie, aux Brotteaux dans la Grande-Allée, aujourd'hui le cours Morand. Il avait pour aide et compagnon le père Thomas, dont le véritable nom était Ladray. L'été ils faisaient des tournées dans les villes environnantes, entre autres Vienne, en Dauphiné, où il finit par s'établir et où il mourut, en 1844, à l'âge de quatre-vingt-dix-neuf ans.

Son fils, Jacques Mourguet, suivit les traces de son père et s'établit au café du Caveau, sur la place des Célestins, où existe encore maintenant un établissement de ce genre. Il fit aussi des tournées : il

LE GUIGNOL LYONNAIS.

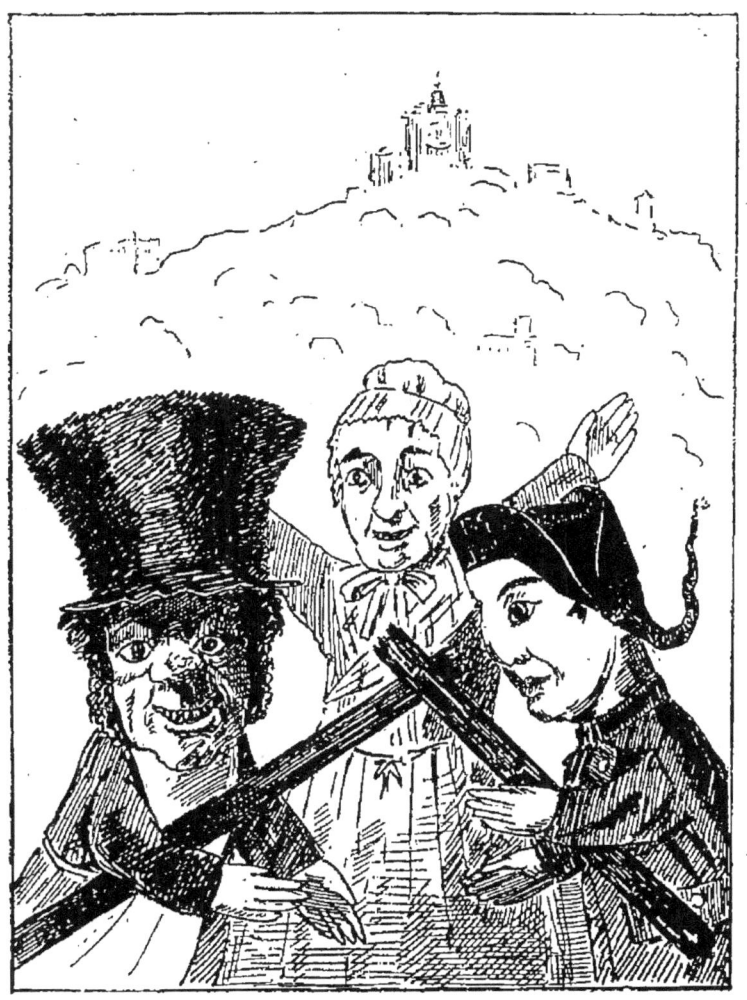

GNAFRON, LA MADELON, GUIGNOL.

se fit connaître à Grenoble et à Marseille et alla même jusqu'en Algérie.

Sa fille Rosalie épousa un nommé Louis Josserand qui jouait les marionnettes avec succès à Paris, au théâtre des Pantagoniens de Maffay, sur le boulevard du Temple. — Il s'occupa aussi d'ombres chinoises.

Jacques Mourguet, le fils du grand Mourguet, eut aussi deux enfants, deux fils : Louis et Laurent.

Louis eut un des castelets de Lyon et Laurent épousa la fille de Victor-Napoléon Wuillerme-Dunand. — C'est Laurent qui a créé le type de Gnafron et c'était jadis un vrai régal d'amateur d'entendre au café Condamin de la rue Écorche-Bœuf, aujourd'hui rue Port-du-Temple, Guignol interprété par Wuillerme et Gnafron par Josserand. De cette famille, il ne reste plus personne aujourd'hui, que je sache, et leurs successeurs sont bien loin d'atteindre à leur perfection.

Le créateur de Guignol est le premier Mourguet.

Quelle est l'origine de ce nom étrange et qui n'a rien de lyonnais?

Un auteur du XVIIe siècle, Louis Garon, dit que cela dérive d'une petite ville de Lombardie : *Chignolo*. On sait que l'industrie de la soie a été apportée à Lyon au XVIe siècle par les Piémontais. A cette époque, Lyon était une ville presque toute italienne. Encore maintenant il y réside beaucoup d'Italiens ; or, beaucoup d'artisans étaient dénommés jadis par le nom de leurs pays : Bourguignon, Parisien, Champenois. Pourquoi n'admettrait-on pas qu'un ouvrier gai, spirituel n'ait pas été désigné sous le nom de son pays natal : *Chignolo*, d'où, par abréviation, Chignol qui s'emploie souvent pour Guignol.

Une autre version est plus probable. C'est à la fin du xviii° siècle qu'on trouve la trace de Guignol et c'est Laurent Mourguet qui a inventé le type et le nom. Le castelier avait pour voisin, dans le quartier Saint-Paul, un homme aussi gai et spirituel que lui, à qui il lisait ses petites pièces. S'il les trouvait drôles, le vieux canut qui l'écoutait, avait coutume de dire en éclatant de rire : *C'est guignolant !* C'est-à-dire « c'est très drôle ! très amusant ! » Or ce mot de *guignolant*, Mourguet le mit bientôt dans la bouche d'un ouvrier en soie, d'un canut qu'il mettait dans ses pièces, avec l'accent, l'esprit et la bonhommie du canut son voisin. Il est donc bien supposable que le public, à son tour, baptisa en simplifiant le nom, le personnage qui l'amusait et que, de même qu'on dit aujourd'hui : « Allons voir Dupuis, Daubray, Dailly... » on disait alors : « Allons voir Guignol. » Quoi qu'il en soit, devant ce grand succès, Polichinelle, honteux et confus, jura probablement qu'on ne le verrait plus, car il a complètement disparu des pièces de marionnettes lyonnaises.

Faisons un peu le portrait de ce personnage célèbre.

Guignol a la figure ronde et rose, de grands yeux, le nez aplati. On ne peut pas dire qu'il a une physionomie quelconque : le masque est régulier et banal. Il est coiffé d'une espèce de chapeau noir et mou aux bords relevés devant et derrière, mis en travers comme un chapeau de gendarme qui n'aurait pas de cornes. De ce chapeau sort par derrière une queue tressée qu'il appelle son *sarsifis*. Il est vêtu d'une petite jaquette boutonnée par devant avec poches sur le côté. Ce costume est celui des ouvriers lyonnais de la fin du siècle dernier et l'accent est de la même époque. Le langage canut, argot lyonnais, composé de termes du métier de tisseur en soie et de néologismes, est traînard et mielleux. L'entrée de Guignol dans les pièces lyonnaises est toujours vivement attendue et saluée par des acclamations.

M. Onofrio, magistrat de Lyon, qui a publié un *Théâtre de Guignol*, dépeint ainsi son caractère : « Le caractère de ce personnage est celui d'un homme du peuple : bon cœur, assez enclin à la bamboche, n'ayant pas trop de scrupules, mais toujours prêt à rendre service aux amis ; ignorant mais fin et de bon sens ; qui ne s'étonne pas facilement ; qu'on dupe sans beaucoup d'efforts en flattant ses penchants, mais qui parvient presque toujours à se tirer d'affaire. »

C'est encore aujourd'hui le vrai portrait moral du canut. Le canut est l'ouvrier en soie de Lyon ; ce nom lui vient de ce qu'autrefois on mesurait les étoffes à la canne, au lieu du mètre. La canne était une mesure de convention. Le canut est très patient, il souffre sans regimber, il gagne peu : ainsi un canut qui tisse la soie, faille ou taffetas, peut gagner au maximum de quatre francs cinquante à cinq francs par jour, et le veloutier ne gagne pas plus de deux francs.

Mais le canut, malgré sa misère, est gai, honnête, il travaille chez lui, vit en famille et ne se permet que rarement de petits extras. Aussi dans les pièces lyonnaises — qui le peignent exactement — est-il toujours le sauveur ou la victime, mais jamais le traître ni l'exploiteur.

Guignol a une femme, la Madelon, le type de l'ouvrière lyonnaise adorée de son mari et le dominant.

Dans les pièces lyonnaises, Guignol n'est pas toujours canut, on le voit tour à tour domestique dans *les Couverts volés*, *le Pot de confitures*, *les Valets à la porte* ; savetier dans *les Frères Coq* ; paysan dans *le Marchand de veaux* ; tailleur dans : *un Dentiste* ; marchand de picarlats ou de fagots dans *le Marchand de picarlats*, etc.

Le comique de Guignol consiste principalement dans l'accent lyonnais. Puis il joue sur tous les mots et les écorche invariablement.

Le protagoniste ordinaire et indispensable de Guignol est Gnafron. Gnafron a la figure bourgeonnée et rouge, le nez en pomme de terre, les lèvres épaisses, bref une physionomie de pochard. Il porte toujours sur sa tête un grand chapeau tromblon.: Il est vêtu d'une redingote marron sur laquelle s'étale un large tablier à bavette de cordonnier. Il est toujours entre deux vins et ne songe qu'à boire. C'est lui qui entraîne toujours Guignol.

Mourguet faisait ses pièces lui-même, mais, comme de bien plus grands auteurs, il lui arrivait souvent de prendre son bien où il le trouvait; c'est-à-dire de démarquer à son profit de vieilles pièces qui lui plaisaient; ainsi, par exemple, *les Frères Coq* sont inspirés par *l'Habitant de la Guadeloupe*, comme *les Couverts volés* par *la Pie voleuse*, et *le Marchand de veaux* par *l'Avocat Pathelin*, mais qu'importe; elles n'en sont pas moins amusantes et spirituelles.

Beaucoup de lettrés se sont amusés à faire des pièces pour Guignol. Quelques-unes ont été publiées sous le titre de : *Mémoires de l'Académie du Gourguillon* (1886).

Le Gourguillon est un carrefour du vieux Lyon, sur la rive droite de la Saône. Cette Académie est imaginaire. L'article VI de ses statuts dit qu'elle ne tient pas de séance publique; article VII, ni de séance privée. Les membres ne sont astreints à aucune cotisation.

Le diplôme dont le livre donne un modèle est assez curieux.

Dans le haut on lit : *Nec deficit trama*; en exergue : « A été fondée cette illustre alma et inclyte Académie, à seule fin de préserver toute vieille bonne tradition lyonnaise » et au-dessous : « Les imbéciles graves ne s'y complairaient pas. »

Le livre ne contient que cinq pièces qui sont :

Guignol député, pochade en trois actes par Claudius Canard;

Les Malins du Gourguillon ou la Vertu vengée, pièce en trois tableaux par Athanase Duroquet;

Les Fourberies de Guignol, pièce en deux scènes par Athanase Duroquet;

L'Instruction obligatoire, drame médico-légal par Gérome Coquard;

Les Tribulations de Duroquet, pièce en trois longueurs par Athanase Duroquet.

Cette dernière pièce, où il y a de nombreuses allusions au métier de canut, a été créée par Louis Josserand, Wuillerme et leurs femmes et a toujours un très grand succès.

Le répertoire populaire de Guignol se compose d'au moins trois cents pièces.

Voici les titres les plus fameux :

GUIGNOL AVOCAT	LE POT DE CONFITURES
GUIGNOL DENTISTE	LE DÉMÉNAGEMENT
GUIGNOL REVENANT	LE TESTAMENT
GUIGNOL MAGICIEN	LE MARCHAND D'AIGUILLES
GUIGNOL DANS LA LUNE	LES VOLEURS VOLÉS
GUIGNOL EN CHINE	TU CHANTERAS, TU NE CHANTERAS PAS
LE MARCHAND DE VEAUX	
LA MOUTARDE DE DIJON	LE DUEL
LA THÉIÈRE	L'ENROLEMENT
LA REDINGOTE	LA RACINE MERVEILLEUSE
LA TÊTE DE COCHON	LE CHATEAU MYSTÉRIEUX
LE MARCHAND DE PICARLATS	LES CONSCRITS DE 1809
LA BOTTE DE PAILLE	MA PORTE D'ALLÉE
TAPE SUR MOI	LES SOUTERRAINS DU VIEUX CHATEAU
TURLUPITON	
LES FRÈRES COQ	LE PORTRAIT DE L'ONCLE
LES COUVERTS VOLÉS	LES VALETS A LA PORTE
L'ALCHIMISTE	

Comme je l'ai dit, plusieurs de ces pièces ont été inspirées par d'autres jouées sur les véritables théâtres. Pour vous montrer comment le démarquage a été fait et en même temps pour vous donner une idée de l'affabulation guignolesque, voici l'analyse de celle qui est intitulée : *les Couverts volés*, qui procède évidemment de *la Pie voleuse*.

LES COUVERTS VOLÉS

Cassandre, pour l'anniversaire de sa naissance, donne un dîner de quarante couverts, mais son cuisinier est malade. Il envoie Guignol chez M. Orgon le prier de lui prêter le sien. Guignol y va. Pendant son absence, Scapin, qui est un mauvais drôle que Guignol a déjà fait condamner, il y a cinq ans, se présente comme cuisinier sous le nom de Brochemar et est agréé par le père Cassandre. Guignol revient, mais à la vue de Scapin, il a de la méfiance et se promet de le surveiller ; toutefois sur les assurances que lui donne Scapin qu'il est corrigé, il promet de ne rien dire à Cassandre. Or, Scapin, qui n'est entré chez celui-ci que pour se venger de Guignol, n'a pas été long à faire son tour ; il accuse Guignol d'avoir volé : il a trouvé dans son lit plusieurs bouteilles de vin fin et une partie de l'argenterie. Cassandre crédule chasse Guignol, qui se rebiffe et l'injurie, puis s'en va enfin désespéré. Scapin revient alors avec la maréchaussée et le bailli et tous se mettent à la recherche de Guignol. Tel est le premier acte.

Au second acte, Guignol est depuis trois jours dans une forêt, il veut se précipiter dans un étang. — Le génie du bien lui apparaît et veut le sauver. Il lui donne une baguette magique. — Quand il dira « berlique » ceux qu'il touchera deviendront enchantés ; au mot de « berloque » l'enchantement cessera.

Scapin, le bailli et les gendarmes arrivent. Jeux de scène avec sa baguette. Il dénonce Scapin, qui est pris par la gendarmerie, et rentre en grâce près de Cassandre.

En voici une autre : *le Marchand de veaux*, qui procède de *l'Avocat Pathelin*.

LE MARCHAND DE VEAUX

Gnafron a promis à Guignol sa fille Madelon à la condition qu'il aurait trois louis vaillants. Guignol, qui est paysan, ne les possède pas, mais il y a une maison, une vache et un veau, — un veau de deux jours. — Pour avoir les trois louis il veut vendre sa vache. Survient le boucher André à qui toutes ses pratiques demandent du veau et il n'en a pas. Il s'adresse à Guignol. — Après avoir vu le veau, qui n'a que la peau et les os, il consent à l'acheter. Guignol en veut trois louis. — On marchande; bref, André l'achète trois louis, et donne un louis d'arrhes. — A peine André est-il sorti que survient M. Toutou, médecin. — On vient d'inventer le sirop de mou de veau. — M. Toutou veut en faire. Il veut acheter le veau de Guignol. Celui-ci le fait quatre louis. Après marchandage, M. Toutou l'achète et donne trois louis d'arrhes et sort. Celui-ci parti, arrive madame Bonnesauce, aubergiste. — Elle a une noce de quatre-vingt-dix couverts et on ne veut manger que du veau. — Guignol fait son veau cinq louis. — Nouveau marchandage; bref madame Bonnesauce donne deux louis d'arrhes. — Mais Guignol est très embarrassé. — Comment va-t-il faire pour garder ses louis et donner ses veaux ? — Il en a vendu trois et n'en a qu'un. Il consulte M. Butavant, avocat du village et lui explique son affaire. Butavant après avoir fixé le prix de la consultation à douze francs, lui conseille, lorsque les personnes à qui il a vendu son veau reviendront, de ne dire autre chose que, *fui fui*, en passant sa main devant sa bouche. Ce qu'il fait. — Ceux-ci vont chercher le bailli à qui il en fait autant et qui juge que Guignol étant aliéné, on ne doit pas traiter avec lui et qu'ils ont tort. — Butavant réclame alors des douze francs et Guignol, lui fait *fui fui*, comme aux autres.

Mais le bailli revient avec les trois plaignants, il a entendu que le conseil venait de Butavant et condamne celui-ci à rembourser lui-même les plaignants — et comme ceux-ci lui doivent de l'argent ils retiendront les louis escroqués sur leur dette. — Pour Guignol le bailli décide qu'il fera un billet à Butavant payable dans quinze ans. — Et Guignol se marie, il a sa dot.

A côté de ces imitations, ou plutôt de ces assimilations, Guignol a son répertoire original, qui est des plus curieux, comme vous allez voir. Choisissons, pour en donner une idée, une pièce qui a été jouée nombre de fois et qui encore maintenant est des plus en vogue : Je veux parler du *Déménagement*.

« *Le Déménagement*, dit M. Onofrio, est une des pièces les plus goutées du répertoire, et la réputation d'un théâtre Guignol s'établit sur la manière dont elle y est jouée. C'est la sommité la plus ardue de la *Commedia dell'arte*. »

Cette pièce dont l'action est nulle, est en effet très amusante à cause des gestes naïfs des marionnettes et surtout à cause des improvisations des artistes qui les tiennent sur les doigts. Je vais vous en faire l'analyse, sans pouvoir toutefois vous donner une idée exacte de l'effet qu'elle produit ordinairement.

LE DÉMÉNAGEMENT

Nous sommes sur une place publique de Lyon. Guignol entre et se plaint de sa mauvaise chance, il a bien changé quarante fois d'état sans réussir à rien. — Il a d'abord été canut : un jour qu'il allait au magasin, « il met le pied sur quèque chose de gras qu'un marpropre avait oublié sur le trétoir, » il glisse et voilà sa pièce dans le ruisseau une pièce d'une couleur tendre, gorge de pigeon... Il la ramasse, la nuance était toute changée et on la refuse à son magasin. « Y avait, dit-il, le premier commis, un petit faraud qui fait ses embarras... avec un morceau de vitre dans l'œil qui me dit : — Une pièce tachée ! J'aime mieux des trous à une pièce que des taches ! — Ah ! bien, que j'ai dit, je veux bien ! — J'ai pris des grands ciseaux, j'ai coupé les taches tout autour... c'est égal il n'a pas voulu la garder ! » Il rentre chez lui, Madelon sa femme le dispute, ils se battent et cassent tout leur ménage... Il se fait alors revendeur dans la rue des Trois-Massacres, c'est ainsi qu'il nomme la rue Tramassac. — Il débute mal en achetant le mobilier d'un canut qui a déménagé à la lune, ce que nous appelons à la cloche de bois... Le propriétaire s'interpose, on met mon Guignol à *la cave* où il passe toute une nuit avec Gaspard.

Ceci demande une explication. Les *caves* ou les salles basses de l'hôtel de ville de Lyon ont servi longtemps de prison municipale et étaient infestées de rats. Un d'eux était devenu familier avec les habitués qui lui avaient donné le nom de Gaspard.

Guignol change alors de métier, il vend des éventails sur le pont, mais c'était à l'époque de Noël, il ne vend rien.

Il se fait alors marchand de melons, mais c'était l'année du choléra, personne n'en achète.

On lui avait conseillé de se faire avocat, parce qu'il avait « une jolie organe », mais il craignit la concurrence.

Un moment, il eut une espèce de chance, il s'était fait magnétiseur, sa femme Madelon faisait la somnambule. Il gagnait de l'argent. Madelon était très forte. Elle y voyait par le bout du doigt, par l'estomac, de partout enfin. « Elle lisait le journal rien qu'en s'asseyant dessus. » Mais il leur arrive un accident — laissons-le parler : « Y avait une jeunesse qui était malade de la poitrine : Madelon l'a conseillée de s'ouvrir une carpe sur l'estomac et de s'asseoir sur un poêle très chaud jusqu'à ce que la carpe soye cuite... Elle a prétendu que ça lui avait fait mal... ça nous a ôté la confiance ! »

Depuis lors Guignol est revenu à son ancien métier de canut, à sa *canuserie* comme il dit, mais l'ouvrage ne va pas et il doit neuf termes à son propriétaire, qui va venir et il ne sait plus où donner de la tête.

Après cette énumération de métiers qui s'allonge suivant la verve de l'artiste, Madelon sa femme survient ; elle demande de l'argent pour le propriétaire, accuse son mari de ne pas travailler et de trop boire. Guignol la renvoie avec des menaces : « Ah ! si j'avais le temps, Madelon ! Comme je te règlerais... » Là-dessus il sort.

Telle est l'exposition de la pièce. M. Canezou, le propriétaire, arrive à son tour. Il se plaint des réparations qu'il a à faire, que personne ne paye. Il veut faire un exemple et faire vendre le mobilier de Guignol qui lui doit neuf termes et demeure au neuvième étage. Redoutant d'aller chez lui, à cause de ses rhumatismes, et craignant d'être mal reçu, il l'appelle.

— Je n'y suis pas! dit Guignol.

— J'ai à vous parler, voulez-vous descendre?

— Si je veux des cendres... j'en n'ai pas besoin, j'en ai plein mon poêle.

Le propriétaire, voyant qu'il ne peut le faire sortir de chez lui, use d'un subterfuge. Il déguise sa voix et frappe neuf coups à la porte avec un petit roulement, comme font les facteurs de la poste à Lyon.

— Je vous apporte une lettre chargée avec de l'argent dedans.

— De l'argent, crie Guignol, je dégringole!

A la vue du propriétaire, Guignol voit qu'il a été joué, mais il ne se déconcerte pas pour si peu. Il prend son air naïf et répond par des calembredaines à toutes les questions du propriétaire.

— Je viens savoir quand nous en finirons pour notre compte.

GUIGNOL.

— Notre compte! oh! si vous me devez quèque petite chose, ne vous gênez pas, je suis pas pressé.

Le propriétaire ne pouvant en venir à bout veut en terminer. Il lui donne quittance à la condition de vider les lieux.

— Ah! par exemple, dit Guignol, c'est pas mon état... je travaille pas sur cette matière...

Un peu grasses parfois les plaisanteries de Guignol, mais son public ne lui en sait pas mauvais gré... au contraire.

M. Canezou finit par s'écrier :

— Vous ne valez pas mieux que votre ami Gnafron... un ivrogne, un vaurien, qui me doit aussi huit termes...

Gnafron entre sur ces mots et le propriétaire s'esquive.

La conversation s'engage :

— Qué qu'il te voulait le vieux grigou? dit Gnafron.

GUIGNOL.

Oh! des bêtises, il me demandait de l'argent... je lui dois neuf termes.

GNAFRON.

Neuf termes!... et tu lui as jamais rien donné?

GUIGNOL.

Rien.

GNAFRON.

Tiens! Embrasse-moi!... Je t'ai toujours aimé, Chignol! T'es le modèle des locataires!

GUIGNOL.

Oui, mais le vieux va revenir avec la maréchaussée... T'es bien bon à donner un coup de main à un ami?

GNAFRON.

Y a assez longtemps que nous nous connaissons! Qué qu'y a à faire?

GUIGNOL.

Y a à boire une bouteille quand nous aurons fait changer d'air à mon bataclan qui est là-haut.

GNAFRON.

Comme ça, tu prends la lune pour le soleil.

GUIGNOL.

Oui, oui! Je veux plus rester dans cette maison... une baraque mal habitée... Y a pas seulement un concierge.

GNAFRON.

Et ousque tu vas?

GUIGNOL.

J'ai pas encore trouvé un logement qui me convienne... les propriétaires sont si ridicules... ils veulent tous des arrhes. T'as bien un coin à me prêter pour mettre mon bazar?

GNAFRON.

J'ai ma suspente... elle a seize pieds carrés.. mais, par exemple, elle est habitée...

GUIGNOL.

Habitée! Est-ce que te loges des maçons, à présent?

GNAFRON.

Non! mais y a une ménagerie... y a des cafards... j'en ai compté l'autre jour de quoi faire un régiment avec la musique... y a de z'araignées... y a de puces... y a de bardanes... (Des punaises.)

GUIGNOL.

Sois tranquille, nous leur porterons de la société.

A ce moment la lune apparaît au fond du décor et le déménagement commence.

Guignol, Gnafron et Madelon passent successivement sur le devant de la scène en portant divers objets de ménage et repassent ensuite dans le fond pour retourner au logement de Guignol. A chaque rencontre, ils échangent des lazzis. Dans le défilé figurent le plus souvent un bois de lit en fort mauvais état, un matelas *idem*, une commode sans tiroirs, une poêle percée, une ouche démesurément longue. Cette série se clôt toujours par deux meubles indispensables, la seringue et le pot de chambre, et on devine, sans de grands efforts d'imagination, le texte des plaisanteries dont ils font l'objet.

Quand le déménagement est fini. Guignol feint d'apercevoir la maréchaussée et s'écrie :

— Sauve qui peut!

Tous alors s'enfuient précipitamment.

La pièce est terminée, mais certains artistes y ont ajouté une fin qui est assez bouffonne.

Canezou, le propriétaire, rentre avec le bailli, le brigadier et le gendarme. Le gendarme monte au domicile de Guignol et n'y trouve qu'un rat. Canezou est furieux, il veut aller chercher du renfort, et dit aux trois autres de se cacher et de feindre de dormir. Ceux-ci se couchent sur le devant du théâtre.

Guignol arrive et touche le bailli qui se plaint d'avoir été frappé. Les gendarmes se justifient. Querelle. Ils se recouchent.

Guignol reparaît et frappe successivement les deux gendarmes. Même jeu.

Puis il revient avec un bâton et fait tomber la toque du bailli.

Il plante le bâton devant la rampe, les gendarmes et le bailli tentent en vain de l'arracher. Le bâton s'agite et se promène, etc., etc.

Enfin Guignol les bat et les disperse.

Mais au moment où il se félicite de son succès et appelle Gnafron pour boire bouteille, M. Canezou revient avec le bailli et la maréchaussée. Guignol est saisi.

La pièce se termine par la scène suivante.

SCÈNE IX

GUIGNOL, M. CANEZOU, LE BAILLI, LE BRIGADIER, LE GENDARME.

CANEZOU.

Nous le tenons enfin.

LE BAILLI.

Il ne sera pas dit qu'on se sera impunément joué de nous. Conduisez-le en prison !

GUIGNOL.

En prison ! Un m'ment ! un m'ment ! On ne mène pas en prison un gône comme moi qu'à Givors a tiré du canal trois hommes qui se noyaient.

CANEZOU.

A Givors ?

GUIGNOL.

Oui !... il y a douze ans... Il y avait un papa à perruque qui vendait de la mort aux rats.

CANEZOU.

Arrêtez !... Ce jour-là possédé de la passion de la pêche à la ligne, ce négociant avait jeté dans les flots du canal une ligne garnie d'un asticot dont les effets étaient irrésistibles... Tout à coup, le goujon biche... Le pêcheur donne un coup sec... Mais à ce moment un limaçon perfide et jaloux dirigeait ses pas dans ces lieux... le pied du pêcheur glisse... il tombe dans le canal...

GUIGNOL.

Vous le connaissez ?

CABEZOU.

Le limaçon ?

GUIGNOL.

Non! le pêcheur!

CANEZOU.

C'était moi!

GUIGNOL.

C'était vous! Ah!

CANEZOU.

Et mon sauveur ?

GUIGNOL.

C'était moi!

CANEZOU.

C'était vous! Ah! dans mes bras, mon sauveur! dans mes bras! *(Ils s'embrassent.)*

LE BAILLI.

Arrêtez! A ce moment, un homme, tourmenté par des malheurs domestiques, se promenait le long du canal en donnant un libre cours à ses mélancoliques pensées... La journée était orageuse... un vent glacial fouettait les feuilles des arbres et soulevait les ondes... Cet homme portait un parapluie feuille-morte... Un coup de vent l'enlève et le fait tourbillonner dans les airs... Désolé de perdre ce compagnon de ses rêveries, cet homme s'élance et tombe dans le canal sur un pêcheur à la ligne qui s'était précipité à la recherche de sa proie.

GUIGNOL.

Vous connaissez cet homme ?

LE BAILLI.

C'était moi!

GUIGNOL.

C'était vous! Ah !

CANEZOU.

Et le pêcheur c'était moi ?

LE BAILLI.

C'était vous! Et mon sauveur?

GUIGNOL.

C'était moi!

LE BAILLI.

C'était vous? Ah! dans mes bras! mon sauveur!

CANEZOU.

Dans nos bras, notre sauveur!

(*Ils s'embrassent.*)

LE BRIGADIER.

Arrêtez!... Ce jour-là, un jeune habitant de Rive-de-Gier trouvant que le maître d'école de l'endroit avait quelque chose de monotone et de fastidieux dans son enseignement, l'avait planté là pour aller goûter les délices du bain dans le canal...

TOUS.

Ah!

LE BRIGADIER.

Il se livrait à une coupe gracieuse, lorsqu'il sent un instrument contondant lui dégringoler sur la nuque du cou... C'était un parapluie feuille-morte...

TOUS.

Ah!

LE BRIGADIER.

Il s'apprêtait à le saisir... lorsqu'il reçoit sur le dos un particulier qui s'élançait à la poursuite de ce riflard.

TOUS.

Ah!

LE BRIGADIER.

C'en était trop! Il succomba... et bientôt le canal aurait tout dévoré, si...

GUIGNOL.

Ce jeune habitant de Rive-de-Gier, vous le connaissez?

LE BRIGADIER.

C'était moi !

GUIGNOL.

C'était vous ! Ah !

LE BAILLI.

Et le parapluie, c'était moi.

LE BRIGADIER.

C'était vous ?... Et mon sauveur ?

GUIGNOL.

C'était moi !

LE BRIGADIER.

C'était vous ! Ah ! dans mes bras, mon sauveur !

LE BAILLI et CANEZOU.

Dans nos bras, notre sauveur !

(*Ils s'embrassent.*)

LE GENDARME.

Arrêtez ! Moi, je ne suis pas tombé dans le canal... mais je voudrais en avoir goûté l'onde amère, mossieu Guignol, pour avoir le droit de vous serrer dans mes bras. (*Ils s'embrassent tous.*)

LE BAILLI.

Voilà bien des reconnaissances !

CANEZOU.

La mienne ne finira jamais... Guignol, je vous

fais remise de mes neuf termes... et ce n'est pas tout : ma maison est désormais la vôtre, je vous la donne

GUIGNOL.

Allons! Ça sert à quéque chose de savoir nager... C'est pas l'embarras que ça m'a donné pas mal d'agrément quand j'étais jeune... Je piquais une tête du pont de Pierre dans la Saône, à dix pas de la Mort-qui-trompe... Je descendais de Neuville à la Quarantaine en faisant la planche et, sur les quais, le monde s'accoudait sur le parapet pour me voir filer... Allons me v'là propriétaire à présent... faut plus badiner... Je ferai payer d'avance, et je me méfierai de la lune...

AU PUBLIC.

AIR : *On dit que je suis sans malice.*

Bien souvent dans notre ménage,
On voit que l'argent déménage ;
Si on n'y met pas d'ménag'ment
On arrive au déménag'ment.

Mais, pour mériter vôtr' suffrage,
Guignol a b'soin qu'on l'encourage.
Il d'mand' vos applaudissements,
N'y mettez pas de ménag'ments!

8

Tout change, tout se modifie et prend l'empreinte du temps présent. Les anciennes pièces de Mourguet ne sont plus représentées avec la naïveté native; leurs gauloiseries choquent un public qui pourtant n'est pas bégueule mais qui est devenu plus hypocrite; là aussi le MODERNISME cherche à s'implanter.

Le *modernisme* est le *volapuk* de l'art. C'est une esthétique conventionnelle qui supprime le passé, la tradition et souvent le goût et l'esprit. Nous ne sommes plus le peuple spirituel par excellence et nous n'avons plus le goût épuré de jadis. Lassés d'admirer le passé dans ses chefs-d'œuvre, nous avons inventé un Panthéon nouveau et, sans attendre leur mort, nous y avons placé tout de suite nos éphémères divinités. Les autres sont reléguées dans le grenier des antiquaires et des collectionneurs. Pour que cette fin de siècle tranche bien avec les siècles passés, nous avons d'abord dénaturé la langue en l'inondant de néologismes, d'anglicismes et d'une foule de barbarismes; nous avons dénaturé le sens des mots et brouillé toutes les idées; la belle langue du XVIIIe siècle n'existe plus. En peinture, c'est la même chose : avec l'*impressionisme*, tout devient permis et le dessin comme la couleur sont devenus conventionnels. Cela tient aux conditions de la vie moderne. Elle est brûlée. On a plus le temps d'apprendre et l'on a hâte de créer. Je pourrais facilement développer ce thème, avec preuves à l'appui, mais ce n'est pas sa place ici; je me contente de l'indiquer.

Le théâtre du Guignol lyonnais devait donc suivre cette dégénérescence.

Pierre Rousset, auteur et castelier de Lyon, explique dans la préface d'*un Divorce inutile*, pièce en quatre actes et en vers, qu'il a publiée, les motifs qui l'ont décidé à modifier le théâtre de Guignol.

Voici ce qu'il dit:

« Sollicité par le directeur du théâtre Guignol du passage de l'Argue pour remplacer son principal artiste, j'hésitai, craignant de ne pas répondre à la confiance qu'il avait en moi, — n'ayant jamais touché une marionnette; — finalement, poussé par la nécessité et la perspective d'un chômage prolongé, j'acceptai provisoirement en attendant la reprise du travail.

» Mon premier soin fut de chercher à obtenir la clientèle des dames les plus susceptibles et de ménager les oreilles les plus délicates. J'ai voulu un guignol amusant mais honnête. Je me suis attaché à rendre mes personnages intéressants par des facéties, des phrases, des mots plus ou moins spirituels, mais jamais graveleux; j'ai voulu que la mère de famille pût amener sa fille, et le père son fils, à mon théâtre, afin de pouvoir rire et s'amuser sans être exposé à rougir du langage de mes petits artistes de bois. — Le temps et le succès m'ont donné raison. »

Il ajoute :

« J'ai fait des parodies de nos grands opéras, de nos meilleurs drames et de nos plus fines comédies. Mais je me suis toujours tenu dans la sphère que peut habiter Guignol sans sortir de son caractère. L'esprit et le fond des pièces parodiées sont respectés, mais la traduction en est cocasse et excentrique. Guignol en est toujours le principal personnage ; sa bonne humeur, sa naïveté malicieuse, son sans-gêne et son audace plaisent infiniment aux spectateurs des deux sexes qui, chaque soir, se réjouissent à le voir et l'entendre dans son nouveau répertoire.

» ... Je me résume en disant que si les dieux s'en vont, ce n'est pas Guignol qui les chasse ; les nombreux spectateurs qui viennent chaque soir pour l'entendre sont là pour en témoigner. »

Tout cela est bien vrai. Pierre Rousset satisfait le public parce qu'il cherche à lui plaire, mais Mourguet, lui aussi cherchait à plaire au public et ses pièces sont encore appréciées. Je crains fort que les pièces de Rousset ne jouissent pas de la même célébrité. Elle n'ont pas le *vis comica* des autres et la prétention littéraire qu'elles affectent, en s'émaillant de vers, n'est pas suffisamment justifiée.

Je dois dire, pour être juste, que le public lyonnais n'est pas de mon avis; il écoute et achète volontiers cette *poésie* qui se vend vingt-cinq centimes dans la salle.

Pour en donner une idée j'extrais les vers suivants de la *Parodie de Robert le Diable*.

ACTE PREMIER
SCÈNE QUATRIÈME

ALICE, *remettant un message à Guignol.*

Lisez cet écrit, mon cher maître, c'est la dernière espérance de votre mère mourante.

GUIGNOL, *refusant le message.*

Non, non, je ne veux pas le lire en ce moment,
Car je suis à cette heure un mauvais garnement;
C'est pas pour me flatter, mais crois-en ma franchise:
Le plus vaurien du monde habite ma chemise!
Si du ciel, ma maman pouvait voir son garçon,
Elle me trouverait joliment polisson!
Garde encor cet écrit caché dans ton corsage,
Tu me le donneras quand je serai plus sage,
J'ai sur la conscience un paquet sans égal
Et dans mon pauvre cœur l'amour fait *bachanal*;
J'aime, le croirais-tu, la princesse Isabelle,
Son minois si joli m'a tourné la cervelle!

ALICE.

Est-il possible?

GUIGNOL.

Je l'adore, elle m'aime, on se chérit tous deux
Et pourtant cet amour me rend bien malheureux,
La princesse me gobe et son père me chasse,
Autant l'une me brûle, autant l'autre me glace ;
Dans mon cœur, Isabelle avait semé l'espoir,
Mais son père, en courroux, m'a dit d'aller m'asseoir ;
C'est alors qu'à tout prix désirant sa conquête,
Je l'enlève une nuit sans tambour ni trompette,
J'emportai dans mes bras ce cher petit boson
Qui pleurait de chagrin de quitter la maison,
Quand je suis tout à coup cerné par la patrouille,
On m'arrache Isabelle et chacun me chatouille,
A grands coups sur l'échine on tapait sur mon dos,
De manière à piler ma viande avec mes os,
Et puis l'on m'entraînait tout droit au corps de garde ;
Pour le coup, nom de nom! j'ai senti la moutarde
Qui me montait au nez! La colère me prend,
Je casse la frimousse à tout le premier rang,
Il en restait encore au moins une douzaine
Qui voulaient à l'instant me percer la bedaine,
Moi, je cognais toujours, mais je crois qu'à la fin
Ils m'auraient fait bien sûr passer le goût du pain,
Si mon ami Bertram, tombant comme un tonnerre,
N'avait pas fait rouler tous ces gones par terre !

Bertram aurait mieux fait de me laisser mourir,
Sans amour ici-bas, mon cœur va se moisir !
(*Il s'affaisse accablé de chagrin.*)

Telle est la poésie de Rousset ! Déclamée sur un ton monotone avec l'accent lyonnais, elle ne m'a guère fait rire ; mais tous les goûts sont dans la nature, et je m'empresse de constater le très réel succès du castelier lyonnais.

IX

LE PETIT THÉATRE. — La salle de la galerie Vivienne. — M. Henri Signoret. — Mécanisme des poupées. — Le théâtre des chefs-d'œuvre. — Répertoire. — Collaborateurs.

Il y a, galerie Vivienne, une petite salle qui ne peut contenir guère plus de deux cent cinquante spectateurs. Coquettement décorée, habilement agencée, elle est fréquentée les jeudis, dimanches et jours de fêtes par un public enfantin qui ne marchande pas ses bravos à des artistes de son âge. C'est le théâtre Comte ressuscité. On y joue des féeries, avec des petits ballets, on y chante des chansonnettes, et des sorciers en herbe y font même de la prestidigitation.

Paul Legrand, le dernier des mimes, y va parfois y donner et y recevoir un coup de pied éloquent, et s'y fait tout petit pour la circonstance.

En dehors des jours indiqués plus haut, la salle est libre et le propriétaire la loue à des conférenciers ou à des magnétiseurs comme Donato.

C'est là que de temps à autre, M. Henri Signoret vient donner des représentations de marionnettes qui n'ont rien de commun avec celles dont j'ai parlé jusqu'ici.

J'emprunte à une plaquette de M. Paul Margueritte les détails curieux qui suivent :

« M. Edme Armand inventa le mécanisme des poupées perfectionné depuis par M. Belloc. Le système employé est aussi simple qu'ingénieux. Prenons, dans l'atelier, une des poupées à l'état embryonnaire. Nous voyons, supportée par une tige de fer traversant un socle creux, une planchette de bois, à laquelle s'adaptent des bras et des jambes, également en bois, et que font mouvoir des ficelles. Celles-ci aboutissent, à l'intérieur du socle, à des pédales que font jouer les machinistes ; à chaque pression de la pédale correspond un mouvement. Il y en a de plusieurs sortes : abaissement de la tête, flexion des bras et des coudes à droite, à gauche et en avant, flexion des genoux pour s'asseoir et des jambes pour marcher. Rien de curieux, aux premières répétitions, comme la vue de ces squelettes articulés, s'ingéniant à simuler la vie, et dont les gestes coïncident, si bizarrement, avec les intonations des lecteurs.

» Mais à ces squelettes, il manque un corps.

» Dans un moule en plâtre, on superpose force feuilles de papier, collées les unes aux autres à l'aide de colle de pâte. Cela donne une sorte de cartonnage, représentant la face antérieure d'un corps ; on obtient, par le même procédé, dans un autre moule, la face postérieure du même corps. On adapte alors à la planchette de bois cette double cuirasse, dont on a fait soigneusement adhérer les bords. Voilà le corps de la marionnette en place. C'est maintenant à madame Billat, la costumière, de l'habiller richement, en mariant les couleurs avec habileté. Est-ce tout ? Non ! Il manque encore à la poupée les pieds qui sont de plâtre, ses mains qui sont de bois et sa tête qui est un moulage de plâtre et d'étoupe ».

Ces poupées ont, m'a-t-il semblé, un peu plus d'un mètre de hauteur ; comme la scène sur laquelle elles se meuvent est petite, elles paraissent être de grandeur naturelle. Leurs mouvements sont automatiques et lents, et cela se comprend, quand on songe qu'il faut à chacune un machiniste pour l'animer. Essayons, maintenant, d'expliquer comment on les fait mouvoir.

La poupée terminée est fixée sur un petit socle à roulettes, muni par derrière de pédales, dont chacune correspond à un mouvement. Placé sous le plancher de la scène, le machiniste la dirige par des trappes ouvertes que la hauteur du théâtre dissimule aux spectateurs, qui voit les personnages comme s'il était placé au premier rang des fauteuils d'orchestre. Tout en faisant marcher le personnage, il fait une pression sur la pédale dont il a besoin, pour faire tourner la tête, lever les bras, incliner le corps, etc... En même temps, placés dans les coulisses, les lecteurs, à droite et à gauche, lisent la pièce ; les musiciens, derrière la toile du fond, jouent de leurs instruments ou chantent, ce travail commun forme un ensemble parfait. Il faut, comme vous voyez, un nombreux personnel pour une pièce du Petit Théâtre.

Mais ce Petit Théâtre n'a de petit que les acteurs c'est bel et bien un grand théâtre qu'a créé M. Signoret et on ne saurait trop le féliciter de l'initiative qu'il a prise. Jugez-en.

Dans son projet imprimé, M. Signoret dit :

« Bien des personnes qui ne sont pas étrangères aux lettres savent à peine qu'il existe un théâtre indien. Les merveilles de la scène grecque n'ont presque jamais été transportées sur nos théâtres. Les pièces latines n'ont pas tenté quelque habile metteur en scène ; on n'a pas essayé non plus de nous faire connaître les mystères du moyen âge. Presque rien n'a été fait pour la farce française ou italienne, et le théâtre espagnol, si débordant de vie, reste enseveli dans les livres. Les admirables dramaturges du xvie siècle anglais n'ont pas vu chez nous le feu de la rampe, — exception faite pour Shakespeare, — et l'œuvre de Shakespeare, malgré de louables essais, n'a été que bien rarement interprétée de façon à satisfaire ceux qui l'aiment et la comprennent. »

Ainsi donc pour M. Signoret, son Petit Théâtre est le théâtre des chefs-d'œuvre dans tous les temps et dans tous les pays.

Singulière idée d'avoir choisi des marionnettes pour les interpréter !

Pas si singulière cependant ! Et M. Signoret explique ainsi son choix :

« Comment donner à dix ou vingt acteurs l'éducation qui leur permettrait d'interpréter, avec une entière connaissance et dans un fidèle esprit, les chefs-d'œuvre dramatiques de tous les temps et de toutes les races ! Il arrive aussi que le jeu d'un excellent comédien le met en relief au détriment de son rôle. Aussi M. Anatole France a-t-il pu dire sans paradoxe, dans une page exquise qu'il consacrait aux débuts de nos marionnettes : « S'il
» faut dire toute ma pensée, les acteurs me gâtent
» la comédie. J'entends les bons acteurs. Je m'ac-
» commoderais encore des autres ; mais ce sont les
» artistes excellents, comme il s'en trouve à la
» Comédie-Française, que décidément je ne puis
» souffrir. Leur talent est trop grand : il couvre

» tout. Il n'y a qu'eux. Leur personne efface » l'œuvre qu'ils représentent. » Les acteurs écartés, restaient les marionnettes, d'ailleurs préférables. »

Le Petit Théâtre fut inauguré le 22 mai 1888. Les premières pièces représentées furent : *le Gardien vigilant*, de Cervantès, traduit par M. Amédée Pagès et *les Oiseaux* d'Aristophane traduit par M. Félix Rabbe. Elles eurent un grand succès. Vinrent ensuite *la Tempête* de Shakespeare, traduite par Maurice Bouchor ; *Abraham* de Hrotswitha, et enfin *Tobie*, légende biblique de Maurice Bouchor. *Le Gardien vigilant* et *les Oiseaux* n'eurent que quatre représentations, *Tobie* en eut une quinzaine.

Tous les lettrés de Paris passèrent par la salle Vivienne et ne regrettèrent point leur soirée.

Une telle entreprise eut été presque impossible et très onéreuse, si M. Signoret n'avait trouvé des collaborateurs précieux parmi ses amis.

Les peintres des décors s'appellent : Rochegrosse, Doucet, Ludovic Dubois, Tanoux, Lerolle, Rieder, Gibelin, Anguille, Maillol et Daniel Monfreid.

Les sculpteurs : MM. Belloc et Armand.

Les lecteurs : Maurice Bouchor, Raoul Ponchon, Coquelin cadet, Richepin, Félix Rabbe, Amédée Pigeon, Passot, G. Chanche, Duteil d'Ozanne et mesdames Berthet, Paule Verne, Cécile Dorelle.

Les compositeurs : M. Casimir Baille, M. Ernest Chausson.

Les musiciens : MM. Masson, Furet, Halvorsen, A. Lacroix et madame Hettich.

Les machinistes : MM. Léon Baille, Belloc, Ludovic Dubois, Majeroux, Raybaud, Armand, Gibelin aîné et cadet, Tricot, le docteur Journiac, le peintre Anguille, Antonin Caillens, Aiguier et de Lapeyrouse.

Les costumières : mesdames Billat et Rebour.

Les accessoiristes : MM. Rieder et Resplandy.

Pour terminer, j'ai tant dit de bien du Petit Théâtre qu'il me pardonnera une critique, la seule d'ailleurs que je puisse lui adresser : Il joue trop rarement.

X

LE THÉATRE DE LA RUE DE LA SANTÉ. — Les quatre amis et leurs amis. — Association littéraire. — Construction du théâtre. — Premiers personnages. — Fac-similé d'une affiche. — Tronquette. — Sans ordre on n'arrive à rien. — Lettre d'invitation ΕΡΟΤΙΚΟΝ ΘΕΑΤΡΟΝ. — Les spectateurs. — Le prologue. — Citation. — Demande de lecture. — *Le Dernier jour d'un condamné.* — *Le suif de Venise ou la Chandelle des Dix.* — Analyse du projet de pièce. — La 200e du *Bossu* à la Porte-Saint-Martin. — Parodie. — Citations. — Couplets de la fin. — Les Disparus. — Les Amours de Tronquette. — La Fête d'Auvers.

Il a paru en Belgique, vers 1864, un petit livre orné de deux eaux-fortes très libres de Félicien Rops, intitulé : *Théâtre érotique de la rue de la Santé* et dont l'éditeur, le *noticier* et surtout l'arrangeur — mettons le dérangeur — était Poulet-Malassis.

De ce livre, dont les pièces n'ont jamais été destinées à l'impression, nous ne dirons rien — car il est de ceux qui se cachent dans l'*enfer* des bibliothèques — si l'éditeur, dans un but de spéculation blâmable, n'avait commis l'indiscrétion de révéler plus ou moins exactement le nom des auteurs, qui ont été surpris autant que blessés de semblables révélations. Mais qu'y faire? A qui se plaindre? Et pourquoi se plaindre? Les auteurs nommés gardèrent donc le silence; la plupart sont morts aujourd'hui et ce qui reste d'eux suffit pour faire oublier ces grosses charges d'atelier, que la littérature moderne met ouvertement à la mode aujourd'hui.

Mais puisque le mal est fait, il serait peut-être bon de rectifier la légende imaginée par l'éditeur et de dire tout d'abord que, sans être le moindrement chastes, la plupart de ces élucubrations n'ont jamais eu le caractère ordurier que l'impresario leur a donné. Très libres, soit! mais canailles, jamais!

Donc, au numéro 54 de la rue de la Santé, aux Batignolles, se trouvait une petite maison enfouie au fond d'un jardin long et étroit, espèce de petit bois de lilas, dans laquelle quatre amis avaient fixé leur résidence. C'étaient Amédée Rolland, Jean du Boys, Edmond Wittersheim et Camille Weinscheink.

Sur les quatre, deux s'occupaient de littérature : Amédée Rolland, l'auteur des *Vacances du docteur*, de *l'Usurier de village* et de bon nombre de pièces en vers et en prose jouées à l'Odéon et ailleurs, et Jean du Boys qui fit jouer à l'Odéon *la Volonté*, *le Mariage de Vadé*, et s'adonna ensuite au roman-feuilleton. Edmond Wittersheim, frère de l'imprimeur du *Journal officiel*, s'occupait d'industrie, et Camille Weinscheink (4025, comme on l'appelait ne faisait rien. Il admirait Rolland.

On était jeune, on était gai, on s'amusait tout en travaillant. Par malheur, on n'était pas riche et les huissiers vinrent plus d'une fois interrompre l'inspiration des poètes, — on interna même un clerc d'huissier pendant toute une nuit, sous le prétexte que c'était son patron qui eût dû se présenter lui-même, — mais ces orages passagers étaient vite conjurés et n'arrêtaient ni le travail ni le plaisir.

Les amis étaient souvent conviés à partager le repas très simple, mais plantureux, et les amies — le dimanche en général — venaient s'y refaire ce qu'on ne pourrait pas précisément appeler une virginité.

Les amis n'étaient pas les premiers venus : c'étaient Tisserand et Demarsy de l'Odéon et de la Porte-Saint-Martin, Henri Monnier, Alphonse de Launay, Alcide Dusolier, aujourd'hui sénateur, Carjat, Monselet, Bizet, Darjou, Durandeau, Henry Delaage, Théodore de Banville, Champfleury, Paul Féval, — oui, Paul Féval! — Noriac, Jules

Moinaux, A. Pothey, le commandant Lafont, William Busnach, La Rounat, Auguste de Châtillon, Duranty, Albert Glatigny, Charles Bataille, etc.

Les amies étaient moins illustres : c'étaient Eulalie, Estelle, surnommée la Dinde, puis quelques actrices : Georgette Ollivier, Mosé, Suzanne Lagier. L'élément féminin ne dominait pas.

Le jour, on travaillait. Le soir, on causait littérature, on faisait des projets, on critiquait les confrères.

Rolland, qui commençait à percer, car il se faisait jouer, était le grand prêtre de cette petite église. Il avait formé le projet, avec du Boys et Bataille, d'accaparer tous les théâtres, de placer des pièces partout. Tous devaient collaborer et participer aux bénéfices, un seul serait nommé. Rolland signerait les pièces de l'Odéon et du Français ; Bataille, le drame ; du Boys, la comédie ; et moi-même, à l'occasion, le vaudeville et les revues.

Cette association littéraire fut aussitôt rompue que formée. Les commandes manquaient.

C'était dans la salle à manger, car il n'y avait pas de salon, qu'avaient lieu ces réunions amicales, autour d'une table où, grâce à l'hospitalité des hôtes, il fallait toujours mettre des rallonges.

L'été, on causait dans le jardin. Rolland qui aimait ses aises, imagina, au printemps de 1862, d'agrandir son domaine. Il fit élever une vitrine sur le devant de la maison et eut ainsi un hall bitumé, couvert et clos, dans lequel on se tint.

Dans une maison où l'on fait du théâtre, on parle théâtre et l'on voudrait même avoir un théâtre. De l'idée à l'exécution, il n'y a qu'un pas, pour des gens qui ont tellement de créanciers qu'un de plus ne paraît pas dans le nombre ; aussi, peu de temps après, le hall fut-il diminué par la construction d'un châssis peint par Darjou et qui forma la devanture d'un théâtre de marionnettes. Dans les coulisses, on dressa des portants, on établit des coulisses, des toiles de fond, et du Boys, qui se piquait d'être ingénieux, machina le théâtre à sa façon.

A dire vrai, il était très incommode ; on ne pouvait s'y tenir debout, il fallait jouer assis. Demarsy, qui était sculpteur, tailla dans des bûches fort lourdes la tête des principaux personnages qui étaient :

Le Procureur du Roi,
Mademoiselle Pimprenelle,
Jean Couteaudier,
Le Président des assises,
Marius Brancart dit Nas d'argent, etc.

une quinzaine environ qui, en changeant les costumes, servirent pour toutes les pièces. Les amies de la maison firent les costumes et apportèrent des étoffes. Des bouts de bougie formaient l'éclairage.

Dans le hall on installa un piano, ce qui prit encore de la place et réduisit le nombre des spectateurs à vingt et un. Il y avait une stalle de cheminée. Sur les murs de la maison, j'avais grossièrement peint une galerie pleine de spectateurs qui étaient les charges de nos amis.

Mais ce théâtre, commencé d'abord avec enthousiasme, traîna un certain temps à cause des occupations sérieuses des entrepreneurs, et ce ne fut que lorsque je m'en mêlai que l'organisation devint définitive et que l'on put jouer.

C'est le 27 mai 1862 qu'eut lieu l'inauguration. Edmond Wittersheim fabriquait les affiches, manuscrites bien entendu. Elles avaient la dimension d'un petit in-quarto. Elles étaient bleues avec des bandes blanches. Les lettres imitant les caractères d'imprimerie étaient peintes de diverses couleurs.

Voici le fac-similé d'une de ces affiches :

POUR LES DÉBUTS DE Mʳ TISSERANT
qui n'a jamais paru sur ce théâtre

PAR ORDRE*

100ᵉ REPRÉSENTATION

LE

DERNIER JOUR

D'UN

CONDAMNÉ   Drame en 3 actes et en prose.

pas par **VICTOR HUGO** mais bien

par **H. TISSERANT**   LES

MISÉRABLES
qui n'applaudiront pas seront sévèrement blâmés

JEAN COUTEAUDIER : — TISSERANT.

Les autres rôles seront tenus par des artistes d'un talent incontestable ; mais parfaitement inconnus.

N. B. — Vu l'importance du décor :

Le public est prié de *s'impatienter tout bas* pendant l'entr'acte qui précède le 3ᵉ acte. — M. Bernardi jouera :

LA PUCE ENCEINTE ou *L'INNOCENCE RECONNUE*

SYMPHONIE

Imp. Levy.

* Car sans ordre on n'arrive à rien.

Pour comprendre le post-scriptum de l'affiche, il faut qu'on sache que du Boys était le désordre incarné, que Rolland ne s'occupait que de ses pièces et n'avait aucun souci du reste, que Weinscheink était plus paresseux qu'un lézard et n'aurait pas ramassé une allumette par terre, enfin que Wittersheim n'était jamais là. Les bonnes — il y en avait deux : Aimée, la cuisinière, et Tronquette, la femme de chambre — en prenaient à leur aise. On ne retrouvait jamais rien dans la maison. Quand les amis devaient *descendre sur Paris*, et par conséquent s'habiller, c'étaient des réclamations à n'en plus finir :

— Tronquette ! ma cravate !

— Tronquette, mes souliers !

— Tronquette, mon habit !

Et Tronquette courait de l'un à l'autre, donnant les souliers à celui qui demandait sa cravate et l'habit à celui qui demandait ses souliers. Rolland, pour mettre fin à ces négligences et aussi pour rappeler sans cesse la nécessité qu'il y avait d'avoir moins de désordre à l'avenir, fit écrire sur toutes les portes de la maison :

Sans ordre on n'arrive à rien.

Cet apophthegme revenait en outre sans cesse dans la conversation, à propos de rien et l'on entendait couramment des phrases ainsi conçues :

— La Rounat me demande des changements au deuxième acte. Il trouve que la jeune première est trop naïve, nous en ferons une courtisane, car... sans ordre on n'arrive à rien.

A un certain moment, ces balourdises ne faisaient plus rire... et on les disait tout de même.

Pour la première représentation Rolland fit des frais. Il y eut des lettres d'invitation, imprimées chez Claye et frappées d'un timbre gravé exprès. Il représentait un petit amour tenant d'une main un flambeau et de l'autre le masque de la comédie. En exergue on lisait : EPOTIKON ΘEATPON. On joua un prologue en vers de du Boys et *Signe d'argent*, comédie en trois actes du même.

Il y avait en tout quinze spectateurs qui étaient : Monselet, Champfleury, Duranty, Poulet-Malassis, Glatigny, Bizet, Carjat, Durandeau, Debillemont, Dusolier, Busnach, Bataille, de Launay, Demarsy, Darjou, Bernardi et Gibouin, ces deux derniers parfaitement inconnus. Bizet tenait le piano.

Le prologue très littéraire et la pièce, ultra-bouffonne, eurent un grand succès. Dans la pièce, il y avait un coin aristophanesque qui fit hurler l'auditoire, il peut se citer. Le marquis avait à confectionner un certain plat et l'assaisonnait avec toute la littérature contemporaine. La marionnette apportait en scène une grande casserole sans fond et mettait dedans les livres des divers auteurs qu'il nommait.

Voici le passage en question :

Ah! j'aperçois une bibliothèque,
Comme cuisine elle peut me servir...
Près de *Louvet* j'y vois placé *Sénèque*,
Et *Blum* et *Flan* à côté de *Saphir*.

Mais dans mon choix vraiment tout m'embarrasse...
Prenons d'abord des feuilles de laurier :
Cet *Aminta* me servira de Tasse,
Cet *Arétin* vaut tout un poivrier.

En fait de sel, je vois ici *Molière* ;
Je vois *Clairville*... oh! mais c'est du gros sel!
Grangé, *Thiboust* dans la même salière
Avec *Crémieux* sont présents à l'appel.

Ce *Monselet* servira de muscade.
Si vous l'aimez, je vous en mets partout ;
Pour que mon plat ne demeure pas fade,
J'y joins encor ce girofle : *Babou*.

Lions le tout avec une ficelle :
Chez *Dennery* je la trouve, ma foi ;
Mais un auteur heureux, je crois, m'appelle
Et *papillonne* assez autour de moi.

C'est toi, *Sardou*, c'est toi, couvert de gloire,
Perle, bijou... de succès constellé.
Eh bien, Sardou, malgré ta *Perle noire*,
Je te prendrai pour un oignon brûlé.

Quoi donc encor ? L'ail, qu'à tort on repousse,
Est un parfum réel, quand avec art
Il se combine avec la sauce rousse :
L'ail le meilleur nous vient de *Molinchart* !

Ajoutons-y *Banville*, dont la crème
N'a pas tourné, malgré le mauvais temps ;
Et pour lier cette sauce suprême
Cassons cet œuf : *Moinaux* sera dedans.

. . . .

Et cela continuait ainsi pendant une soixantaine de vers. Après la représentation on buvait des bocks offerts par l'administration et on partait vers les minuit en se donnant rendez-vous à la prochaine première.

Le théâtre n'eut pas une longue durée ; on donna une dizaine de représentations tout au plus pendant l'été de 1862 et au commencement de l'hiver de 1863. Tisserant, en juin 1862, demanda une lecture pour sa pièce intitulée *le Dernier jour d'un ocndamné*. On lui accorda *un tour de faveur*, quoiqu'on n'eût aucune pièce que la sienne à lire. Elle fut reçue à l'unanimité et montée tout de suite ; la première eut lieu le 8 juillet. C'était une pièce à grand spectacle qui nous fit beaucoup travailler. Le premier acte se passait à la cour d'assises, le second à la Conciergerie, et le troisième sur la place de la Roquette. Mais pour ce dernier tableau nous avions peint un panorama de trois mètres de long qui représentait le parcours de la charrette du condamné depuis le Palais de justice jusqu'à la Roquette. On le déroulait lentement pendant que sur la charrette, placée à l'avant-scène, le condamné parlait avec l'aumônier. A la fin, on apercevait la guillotine *praticable*, car Jean Couteaudier y laissait sa tête. Dans la coulisse, assis, se tenait Tisserant qui lisait son rôle, du Boys et moi qui tenions les marionnettes et Weinscheink qui s'occupait du rideau et des accessoires; et, pendant que le public se tordait, nous ne riions pas, je vous jure.

Cet essai de mise en scène, qui réussit pleinement, nous mit en goût. Nous voulûmes monter un grand drame en cinq actes et dix-huit tableaux intitulé :

LE SUIF DE VENISE

ou

LA CHANDELLE DES DIX.

A titre de curiosité, voici la nomenclature des tableaux :

PREMIER ACTE.

1ᵉʳ *tableau* : Chez le Doge. — Intérieur moyen âge.

2ᵉ *tableau* : Chez la Driatique. — Intérieur de salon.
3ᵉ — Une noce à Venise. — Mer et gondoles.

DEUXIÈME ACTE.

4ᵉ *tableau* : Le Sorcier.
5ᵉ — Les Ruines.
6ᵉ — Les Rochers.
7ᵉ — La Forêt de nuit.

TROISIÈME ACTE.

8ᵉ *tableau* : Ville moyen âge.
9ᵉ — Ballet des balais, décor de la cour de Fontainebleau.
10ᵉ — Palais romain.

QUATRIÈME ACTE.

11ᵉ *tableau* : A Madagascar.
12ᵉ — La Prison.
13ᵉ — Le Pont des Soupirs.
14ᵉ — Le Consul.
15ᵉ — Le Four.

CINQUIÈME ACTE.

16ᵉ *tableau* : Les Lagunes.
17ᵉ — La Cabane de Gaspardo.
18ᵉ — Les Ruines de Paris.

Les personnages étaient :

PERAGALLO PERAGALLI, doge.	DEUXIÈME CONSPIRATEUR.
ANICETI BOURGEOISO, sauveteur.	TROISIÈME CONSPIRATEUR.
LEONI LAYATO, traître.	LE GRAND MARÉCHAL DU PALAIS.
PAOLO FEVALE.	LE GRAND CHAMBELLAN.
EUGENIO DI RUBENTE-PIFFARDO.	LE GRAND TOURMENTATEUR.
PREMIER CONSPIRATEUR.	LA DRIATIQUE, fiancée du doge.

L'action de ce drame était insensée : nous fourrions dans la pièce tout ce qui nous passait par la tête. C'était à peu près ceci : le doge PERAGALLO PERAGALLI prêtait de l'argent aux seigneurs de Venise et n'était jamais remboursé ; comme il devenait exigeant, une conspiration s'ourdit contre lui, LEONI LAYATO à la tête. On devait profiter de son mariage avec la Driatique pour s'emparer de sa personne et le précipiter dans la mer. Mais ANICET BOURGEOISO veillait : il découvre la conspiration, les seigneurs sont traqués, on les poursuit dans les ruines d'un vieux château, on leur fait la chasse dans les rochers, dans la forêt ; ils vont succomber quand PAOLO FEVALE a une idée :

— Réfugions-nous dans le passé, dit-il, là on n'ira pas nous chercher.

Et en effet, au tableau suivant, la pièce recommence dans une ville moyen âge. Alors l'action devient d'une incohérence rare. Le doge a reçu d'un sorcier une chandelle magique qui lui fait découvrir la retraite des conspirateurs ; il y a des meurtres, des assassinats à chaque tableau, en même temps que la Driatique met au monde une foule d'enfants qui lui sont enlevés, qu'elle retrouve et qu'on lui reprend. A un moment donné, il n'y a plus de pièce, plus d'action, plus rien. Le doge, qui ne retrouve ni sa femme, ni ses enfants, ni ses conspirateurs, ni Venise, veut en finir avec la vie et met le feu à Paris avec la chandelle du sorcier. Il meurt englouti sous les ruines.

Faut-il le dire ? Cette incohérence, qui n'a jamais été écrite, nous parut très drôle à combiner ; nous avons passé de joyeuses soirées à imaginer les situations les plus invraisemblables. La pièce ne s'écrivait pas, mais nous fabriquions les décors. Celui de la mer avec les gondoles illuminées se balançant sur l'eau fut terminé et nous produisit un effet fantastique. Il nous parut si beau, que nous jugeâmes d'un commun accord qu'il nuirait au dialogue : nous en fîmes un tableau muet.

Ces gamineries touchaient à leur fin. On avait donné congé à la bande joyeuse qui payait trop mal ses termes. Il fallait déguerpir.

Pourtant il y eut encore une réprésentation de l'Erotikon Theatron, mais elle eut lieu dans un cadre plus large. Ce fut au théâtre de la Porte-Saint-Martin, à la 200° du *Bossu* de Paul Féval et Anicet Bourgeois que le directeur, Marc Fournier, appela le petit théâtre et lui offrit l'hospitalité après un bal des plus animés. Rolland avait écrit la parodie du *Bossu*, et Demarsy et moi étions chargés de jouer la pièce. Nous avions fait un théâtre improvisé avec des décors en papier. La pièce en huit tableaux très courts fut jugée très drôle, surtout par des artistes qui venaient de jouer les mêmes rôles qu'on parodiait. Le rôle de Mélingue était composé de fragments de toutes ses créations et Demarsy l'imitait très bien. Il y avait aussi la charge d'une actrice, mademoiselle Defodon, qui abusait du maquillage; on lui faisait chanter ce couplet :

AIR : *A la façon de Barbari.*

BLANCHE DE NEVERS.

Vous demandez en ce moment,
Monsieur de Lagardère,
Si je préfère mon amant
A l'amour de ma mère.
Moi, l'on m'appelle Defodon
La faridondaine, la faridondon.

LAGARDÈRE *l'interrompant (parlé).*
Alors qui aimes-tu mieux ?

BLANCHE DE NEVERS.

J'aime mieux la poudre de riz,
Biribi,
Et la façon de barbari
Mon ami !

La pièce se terminait par des couplets de la fin que chantaient Paul Féval, Anicet Bourgeois et Marc Fournier, le directeur.

AIR : *Adrien c' n'est pas bien.*

PAUL FÉVAL.

Anicet,
C'est parfait !
Ta machine
A bonne mine.
Anicet,
C'est parfait !
J' te dois mon succès.

ANICET, *avec modestie.*

C'est dans l'œuvre première,
Trop aimable garçon,

Je te l' dis sans façon
Qu' j'ai trouvé la pièce entière.

Ensemble.

ANICET BOURGEOIS.	PAUL FÉVAL.
Paul Féval,	Anicet,
C'est pas mal,	C'est parfait,
Ta machine	Ta machine
Est une mine.	A bonne mine.
Paul Féval,	Anicet,
C'est pas mal,	C'est parfait,
C'est original !	J' te dois mon succès.

MARC FOURNIER, *entrant.*

C'est le coup d'épatance,
J'en ris comme un bossu
Qu'a l' dos rempli d'écus.
Anicet qui mal y pense !

TRIO.

Amis c'est
Anicet,
Sa machine
A bonne mine.
Paul Féval,
C'est pas mal,
C'est original !

Comme on le voit, ces improvisations n'avaient

pas une grande valeur littéraire ; mais, n'étant pas destinées à la publicité, cela nous importait peu.

Vingt-huit ans sont passés depuis ces folies ; je parcours la liste de nos amis et je vois avec tristesse qu'il en reste bien peu : Rolland mourut d'une maladie de cœur en 1868, il n'avait que trente-neuf ans. Du Boys, plus jeune de sept ans, est mort aussi un peu plus tard d'une paralysie du cerveau, comme Charles Bataille ; et les autres : Tisserand, Demarsy, Henri Monnier, Darjou, Bizet, Durandeau, Glatigny, Delaage, Noriac, Féval, Monselet... aussi sont morts.

Ceux qui restent ne se voient plus que rarement... aux enterrements! Ils ont vieilli : ils se regardent curieusement, peut-être étonnés de se reconnaître encore! Les cheveux blonds ou bruns maintenant sont blancs, cela change la physionomie ; cependant ils s'abordent avec un sourire et, en suivant le convoi de celui qui vient de partir, ils essayent de se reporter à l'ancien temps, au temps du rire gai! —ils n'ont plus que le rire triste! Puis quand ils se quittent, après s'être donné une poignée de main, — de main maigre et osseuse, — chacun dit à part soi : « Ce pauvre X... il a bien vieilli! »

Je ne voudrais pourtant pas terminer cet article par une note triste. Les anciens dans leurs repas les plus gais faisaient figurer l'image de la mort, mais nous sommes trop modernes pour avoir une idée aussi philosophique. J'ai parlé plus haut des deux bonnes de la maison : Aimée, la cuisinière, était mariée, mais vivait peu avec son mari ; Tronquette, plus jeune, n'avait point prononcé de vœux : elle effeuillait son cœur tantôt avec le charbonnier, tantôt avec le garçon boucher... Car les garçons bouchers ravagent les cuisines ! Tronquette avait l'œil effronté, le nez retroussé, la figure ronde et de vilaines dents, mais ses cheveux frisés étaient soignés et elle se mettait avec coquetterie. Quand les amis se séparèrent, elle se réfugia chez son dernier amant, un garçon boucher bel homme, qu'elle adorait et qui devait la battre. Un beau jour il l'épousa. Ce garçon, assez fainéant, se fit renvoyer de chez son patron et comme il était très fort, il se mit à courir les foires en qualité d'Hercule ; Tronquette, jalouse, ne le quittait pas. Un jour qu'il avait bu par trop, il laissa maladroitement tomber un poids de vingt kilos sur sa jambe. Après un mois d'hôpital, la gangrène s'étant mise dans la plaie, il fallut lui couper la cuisse. Quand il retourna près de Tronquette, il avait une jambe de bois ; mais Tronquette l'aimait toujours.

Il y a une dizaine d'années, le jour de la fête d'Auvers, petit village des environs de Pontoise, je m'arrêtai devant un guignol assez propret qui faisait la joie des enfants du pays. Le spectacle était gratuit, mais on *faisait la manche*, c'est-à-dire une quête. Quand la femme du *castelier* s'arrêta devant moi, je reconnus Tronquette, mais Tronquette vieillie, ayant toujours ses cheveux frisés, mais blanchis, et sa mise coquette. En souvenir du temps passé, je mis une pièce de dix sous dans sa soucoupe. Comme elle s'apprêtait à me rendre, je lui dis de garder tout; alors elle me regarda.

Après le spectacle, son homme sortit de la baraque, il avait une jambe de bois.

Je m'approchai alors, et c'est ainsi que j'appris l'histoire de Tronquette.

— Ah! me dit-elle en finissant, si vous vouliez jouer une pièce d'autrefois, quelle recette je ferais! C'est égal, nous gagnons notre vie tout de même!

Allons! le théâtre de la rue de la Santé aura au moins servi à quelque chose!

DEUXIÈME PARTIE

HISTOIRE DES PUPAZZI

I

Créés en 1863. — Journaux où j'écrivais. — L'enfant malade. — Les images collées sur des boîtes de cigares. — Jouets satiriques. — *Les Diables noirs.* — Premiers essais. — Modifications. — Conseil de Gustave Doré. — Les têtes modelées. — Tous les métiers à la fois.

Après avoir parlé des marionnettes des autres, me permettrez-vous de parler des miennes, que j'ai nommées les Pupazzi pour leur donner une espèce de marque de fabrique, qui, malheureusement pour moi, m'est souvent empruntée. Mais, pour parler d'elles, il va falloir parler de moi, ce qui est toujours assez embarrassant. Et cependant, en réfléchissant bien, cette autobiographie ne devrait pas plus me gêner que ne gêne un candidat la profession de foi qu'il présente à ses électeurs,

cette profession de foi qui commence toujours par :
« Vous connaissez mon passé... » et qui le détaille,
le commente, le justifie, l'exalte, de peur qu'on ne
le connaisse pas ou qu'on l'attaque. Somme toute,
je suis candidat à vos suffrages et j'ai souci de les
mériter. En remontant l'échelle de mes souvenirs,
je vais retrouver bien des échelons douloureux,
heureusement franchis, non sans peine; mais je ne
m'y attarderai pas; car il est inutile de réveiller
des souffrances endormies et plus inutile encore
d'essayer de vous les faire partager. Je dois cependant vous prévenir que l'origine des Pupazzi n'est
pas précisément bouffonne, et que ce n'est pas de
gaieté de cœur que j'ai entrepris de montrer des
marionnettes à mes contemporains.

En 1863, j'étais homme de lettres. J'avais fondé...
et fondu plusieurs journaux : La *Muselière*, les
Nouvelles de Paris, le *Parisien*. J'avais fait jouer
de mauvais vaudevilles et fait refuser partout de
mauvais drames! oui, j'avoue qu'ils étaient mauvais!
mais alors je les croyais bons! ils m'avaient coûté
tant de travail! j'écrivais dans les journaux littéraires du temps : la *Causerie*, le *Diogène*, le *Boulevard*, le *Figaro*. Ces journaux paraissaient une fois
par semaine, le *Figaro* seul était bi-hebdomadaire.

En ce temps-là, il n'était pas facile de placer sa
copie. S'il m'en souvient bien, à la *Causerie*, l'article
de genre que je faisais toutes les semaines m'était

payé vingt francs; au *Boulevard*, mes échos de Paris me rapportaient dix francs chaque fois qu'ils paraissaient; au *Diogène*, je n'étais pas payé, mais le *Figaro* m'accordait trois sous la ligne. Malheureusement, il fallait faire des articles courts et ils ne paraissaient pas régulièrement. Additionnez ces petits profits, ajoutez-y le produit de quelques volumes et vous arriverez à un total insuffisant. Il faut dire aussi que je ne me sentais pas capable de faire autre chose que de la littérature, et qu'une déplorable timidité m'empêchait de la placer. La notoriété, le petit nom que je voulais me faire semblait fuir devant moi. J'étais profondément découragé.

Un nom! Comment cela s'acquiert-il?

Aux uns, cela vient par héritage; les autres l'ont la veille de leur mort; le plus grand nombre... le jour de leur enterrement.

Dans ces pensées, je regardais mon petit garçon malade, qui dormait paisiblement dans son berceau, et les larmes me venaient aux yeux, en songeant que ce petit être innocent comptait sur moi, que j'étais son protecteur; que sa santé, sa vie dépendaient de mon courage, de ma force, de mon intelligence!... Et ce bonheur immense d'être père, — bonheur envié par tant d'autres — se mélangeait d'amertume devant mon impuissance et mon découragement.

Et pendant que ces pensées se heurtaient dans

ma tête, je découpais des images pour l'amuser à son réveil.

Écrivant dans le *Boulevard*, qui était illustré, j'avais toujours chez moi, outre ma collection, des exemplaires en double de cette publication; je m'amusai à coller ces images sur des débris de boîtes de cigares, dont le bois poreux et tendre est facile à tailler avec un canif. Il y avait : de Villemessant, Méry, Rossini; Renard, le chanteur; de Gaston, le prestidigitateur; Timothée Trimm, Scholl, Monselet, etc., etc.

Je découpai à part des bras dans le mouvement du personnage et les fis mouvoir, comme on fait des polichinelles en carton qui se trouvent chez tous les marchands de jouets. Puis enfin, avec des couleurs à l'eau, je les enluminai comme je pus.

Quand l'enfant se réveilla, sa joie fut sans bornes, et je fus tout récompensé en voyant ses pauvres petites joues, pâles depuis si longtemps, se couvrir enfin d'une légère rougeur.

Mais les questions commencèrent :

— Qu'est-ce que celui-là? me disait l'enfant.

— C'est de *Villemessant*.

— Pourquoi a-t-il un rasoir à la main?

Là était l'obstacle que je n'avais pas prévu. L'enfance est curieuse, elle veut savoir; le pourquoi des enfants est impitoyable. Je ne pouvais pas dire à ce moutard de cinq ans et demi que ce rasoir était l'attribut de Figaro, que Figaro était un barbier d'esprit, que M. de Villemessant avait pris son nom pour en faire le titre d'un journal satirique, et que, de même que Mercure a un caducée, Figaro doit avoir un rasoir.

Dans le monde, j'ai trouvé beaucoup de gens plus âgés qui ne s'expliquaient pas le rasoir et qui pourtant avaient été rasés par lui.

— Et celui-là avec tous ses manteaux?
— C'est Méry.
— Méry! Il a donc froid?
— Toujours!
— Pourquoi?
— Pourquoi! Et de fait pourquoi Méry avait-il toujours froid? Que voulez-vous répondre à cela?

Tour à tour je fis passer devant ses yeux : *Nadar* dans un ballon, *Rossini* en cuisinier, préparant un macaroni, *Michelet* en amour, *Paul Féval* en Breton, *Théodore de Banville* en funambule, *Monselet* sortant d'un pâté, *Arsène Houssaye* en berger Watteau, etc. Et à chaque personnage l'enfant me demandait une explication.

Je compris alors qu'il fallait expliquer d'une façon quelconque mon épigramme animée et mettre pour ainsi dire une légende au-dessous de la caricature.

Oubliant alors le but de mon jouet, je redevins critique et journaliste dans la légende que je mis dans la bouche de mes personnages. Les rondeaux, quatrains, distiques, sonnets se succédèrent ; je fis une série de pastiches critiques de mes contemporains. Mon moutard n'y comprenait pas grand'chose, mais il riait ; ses petites joues pâles devenaient plus roses, la distraction venait aider la médecine et la nature et il se rétablissait à vue d'œil. Je ne me doutais pas encore que j'avais trouvé, sans m'en douter, le moyen d'amuser les petits, tout en intéressant les grands.

Quelque temps après, j'eus l'occasion de montrer ces fantoches à des amis. L'idée fut trouvée originale. Carjat, l'auteur des charges, voulut les peindre pour qu'elles fussent présentables ; il organisa même une soirée artistique pour les faire valoir, et le 28 novembre 1863, les PUPAZZI, nom que j'avais donné à mes pantins, firent leur première apparition dans le monde, le soir même où l'on donnait au Vaudeville la première des *Diables noirs*, de Sardou. — Mes diables, à moi, se présentèrent sous les couleurs les plus roses ; tous les journaux, le *Figaro* en tête, me firent les articles les plus flatteurs, et de Villemesant me dit : — « Je ne vous reçois plus un article à partir de ce jour ; vous avez trouvé de quoi faire votre nom et votre fortune ! »

J'avouerai que je trouvai cette proscription injuste ! Est-ce que je comptais, de vaudevilliste, de journaliste, de littérateur, aimant beaucoup la littérature et la poésie, devenir montreur de marionnettes pour faire ma fortune?... fi! Je trouvai cela au-dessous de moi... J'aurais refusé tout emploi bien rétribué qui m'eût éloigné de la littérature ; il me répugnait, à plus forte raison, d'entreprendre un métier inconnu, infime, sans issue... car enfin où pouvait-il me mener? — *Les Diables noirs* et... la suite ont conduit Sardou à l'Académie... Ne poussons pas plus loin la comparaison.

Pourtant, quelques jours après, un ami inconnu remit chez moi deux volumes en me priant instamment de les lire. Ces deux volumes étaient le roman de George Sand : *l'Homme de neige*. — Je compris. — Je vis qu'il fallait continuer avec courage et que si j'appliquais aux marionnettes les facultés dont je me sentais doué pour le journal, le livre, ou le théâtre, j'arriverais à un résultat certain ! Mais que de choses il me manquait encore ! Peindre, sculpter, machiner, avoir une ingéniosité constante, sans compter la déclamation, les imitations, le chant, puis l'entrain à heure fixe, la gaieté et la santé pour résister à tout.

Le petit garçon, qui grandissait, assistait sans rien comprendre à tous ces essais, qu'il croyait faits pour l'amuser! Combien de fois m'a-t-il donné ses joujoux pour en faire des accessoires! Il est vrai qu'il m'avait vu bien souvent les lui chiper.

Faut-il vous dire maintenant que ces nouveaux

travaux auxquels je me livrais n'allaient pas tout droit. Je ne savais pas dessiner, j'avais copié la tête de Romulus au collège, voilà tout! C'était insuffisant pour faire une charge, car enfin je ne pouvais pas toujours me servir de celles de Carjat, il fallait renouveler sans cesse ce musée grotesque. Ce n'était pas facile, mais il faut bien croire que j'avais quelques dispositions, puisque tant bien que mal je suis arrivé en peu de temps à faire quelques charges passables. Ensuite, il a fallu les peindre : autre apprentissage. Vous connaissez ce quatrain d'atelier :

> La peinture à l'huile,
> C'est bien difficile,
> Mais c'est bien plus beau
> Que la peinture à l'eau.

Et en effet, avec le lavis dont je couvrais mes croquis, je n'arrivais à aucune intensité de couleur; le soir à la lumière c'était livide. J'achetai des couleurs à l'huile. Vous comprenez bien que je ne songeai pas un seul instant à fréquenter un atelier pour me mettre au courant des premières notions de peinture. C'eût été du temps de perdu; j'avais la fièvre, je voulais aller vite! Quels barbouillages pour commencer! Quels bizarres mélanges de couleurs! Combien de fois je jetai le tout dans un coin, désespéré, croyant n'arriver jamais! Mais il arriva une autre anicroche qui faillit m'arrêter tout net. Les figures peintes à l'huile ne supportaient pas la lumière; elles avaient des reflets luisants qui leur nuisaient. Que faire?

J'eus recours à la peinture à la détrempe qui n'a pas de reflets, mais quelle école!

Les couleurs employées humides n'ont plus les mêmes tons quand elles sont sèches. Il faut travailler à l'aveuglette. Enfin j'y arrivai.

Quand j'eus les personnages il me fallut un théâtre. Je le construisis moi-même. Que de coups de marteau! que de coupures! que de foulures! que d'écorchures! Est-ce fini? non! J'avais les instruments, il fallait maintenant savoir en jouer.

J'avais une peur terrible du public. Entre camarades, dans une réunion où tout le monde se connaît, l'émotion n'existe pas; on parle haut, on se fait écouter, on ose, parce qu'on sait que l'auditoire est ami, parce qu'on n'a aucune prétention à l'admiration, qu'on parle pour soi, pour son plaisir, pour intéresser ou pour faire rire. Mais le public, c'est autre chose, c'est un juge qui ne pardonne ni l'ennui ni la médiocrité et mon amour-propre mourait de peur!

Il fallut vaincre cette timidité.

Il faut dire que je n'improvise pas. Je lis mes pièces, mais il ne fallait pas qu'on s'aperçut qu'elles étaient lues. Pour les rendre plus plaisantes, j'y avais glissé des couplets. Il fallait les chanter... et avec quelle voix !

Mon accompagnateur, en me faisant travailler, me disait que je gagnais une note par leçon... En faisant mon compte... et le sien j'ai calculé que j'aurais dû avoir à un moment sept octaves. Mais, en m'écoutant chanter, j'ai dû conclure que la note que je gagnais à chaque leçon était toujours la même.

Les premiers Pupazzi étaient tout simplement des planchettes peintes, avec bras et jambes mobiles. Gustave Doré, chez qui j'allai en 1864, n'aimait pas ce système :

— Ils ne peuvent pas se retourner, me disait-il, cela nuit à l'action... On ne peut pas jouer la comédie de profil. Prenez-moi de la terre glaise et modelez-moi tous ces personnages-là.

— Mais je ne sais pas modeler !

— Vous ne saviez pas peindre, qu'importe ! Vous ferez toujours aussi bien.

Je me mis alors à modeler les têtes de mes personnages, qu'on veut bien trouver ressemblantes.

Plus tard, je fis des barbes, des perruques, des accessoires... autant de métiers nouveaux.

Et quand, les bras en l'air, debout, dans mon petit théâtre, profond de soixante centimètres et large d'un mètre et demi, je parle, je chante, j'imite les instruments, je danse même au besoin, le spectateur, que j'essaye d'amuser, ne se doute pas que pour lui, j'ai dû me faire : auteur, acteur, chanteur, danseur, imitateur, peintre, décorateur, cartonnier, perruquier, chapelier, tailleur, machiniste, sculpteur, mécanicien, etc., etc...

Pour lui encore, aujourd'hui, je me fais historien... j'espère qu'il m'en saura gré.

II

LES PREMIERS PUPAZZI. — Les premières pièces. — Répertoire complet du théâtre des Pupazzi. — Bibliographie des Pupazzi.

Dans le précédent chapitre, je vous ai raconté l'origine des Pupazzi, les difficultés que j'eus à surmonter et la persévérance que je mis à les perfectionner.

Je vous ai parlé de la partie matérielle de l'œuvre, de la construction des personnages et du théâtre.

La partie intellectuelle est non moins intéressante.

Et d'abord les pièces n'existaient pas. Je présentais mes personnages au public et en faisant remuer leurs bras, je leur faisais dire des vers, des critiques, des imitations.

Je n'eus d'abord que vingt pupazzi qui étaient :
Millaud — Léo Lespès — de Villemessant — Octave Feuillet — Jules Janin — Offenbach — Alfred de

Gaston — Les frères Liònnet — Lachaud — Carjat — Bressant — Gil Pérès — Espinosa — Henry Monnier — Raynard — Frédérick-Lemaître — Karoly — Nadar — Rossini et Monselet.

La troupe ne tarda pas à être augmentée considérablement. Au bout d'un an j'avais plus de cent personnages et je jouais ma première pièce qui était le *Procès Belenfant des Dames* (28 décembre 1864).

Ce ne fut que deux ans plus tard, en janvier 1866, que je jouai la seconde qui était en vers et qui était intitulée : *le Rat Deville et le Rat Deschamps*. Je m'étais procuré pour cela, deux têtes de rats véritables que j'avais fait empailler et je les tenais sur mes doigts comme des guignols. — Le succès qu'obtint cette pièce m'encouragea. Un mois plus tard, je donnais la première représentation de *la Revue de Benoitonville*, en trois actes, et, au mois de décembre, une autre revue intitulée *les Indiscrétions parisiennes*, en trois actes aussi et dont le dernier était la parodie de *Nos bons villageois* de Sardou. — Cette pièce ne tarda pas à être augmentée de trois autres tableaux.

En mars 1867 je commençai à aborder la politique avec un acte intitulé *les Interpellations de la Chambre*.

Du reste, voici la liste exacte des pièces que j'ai composées et jouées depuis 1860 jusqu'à ce jour (1891).

MODERNES. 185

RÉPERTOIRE COMPLET DU THÉATRE DES PUPAZZI

1863-1891

Nos d'ordre.	Dates.		Titre des pièces.
1	28 Nov.	1863	*Profils et Silhouettes**.
2	11 Mars	1864	*Le Carnaval de Venise.*
3	28 Déc.	—	*Le Procès Belenfant des Dames* (4 tabl.)*
4	20 Mars	1865	*Thérésa ou Reine sans le savoir**.
5	2 Janv.	1866	*Le Rat Deville et le Rat Deschamps**.
6	5 Févr.	—	*La Revue de Benoitonville.*
7	20 Déc.	—	*Les Indiscrétions parisiennes* (4 actes)*.
8	4 Août	1867	*Les Fourberies de M. Prudhomme**.
9	24 —	—	*Le Mariage de Vénuska**.
10	—	—	*Prudhomme spirite**.
11	27 —	—	*Prud'hommeville-sur-Mer.*
12	8 Sept.	—	*Grain de sel.*
13	15 Nov.	—	*Le Petit-fils de M. Prudhomme**.
14	3 Janv.	1868	*Mon Village**.
15	28 —	—	*Le Système de M. Prudhomme**.
16	5 Mars	—	*La Visite du Docteur**.
17	18 Juill.	—	*Le Paquet n° 6**.
18	—	—	*Une Cabine pour deux**.
19	19 Août	—	*Rochefort persécuté.*
20	19 Déc.	—	*Fleur de Guitare**.
21	6 Janv.	1869	*La Sixième Chambre**.
22	8 Mars	—	*Sur la Terrasse de Monte-Carlo**.
23	19 —	—	*Marches et Systèmes**.
24	—	—	*Le Droit de Réunion.*
25	24 Juill.	—	*Le Roi Prudhomme* (2 actes)*.
26	23 Août	—	*Le Luxe des Femmes.*
27	11 Déc.	—	*Une Réunion publique.*

186 LES MARIONNETTES

Nos d'ordre	Dates.		Titre des pièces.
28	30 Juin	1870	La Partie d'Échecs*.
29	12 Juill.	—	Une Activité dévorante*.
30	8 Juin	1871	La Soirée de M. Prudhomme.
31	30 Août	—	L'Ile des Gredinfilards*.
32	25 Nov.	1871	Pouah!
33	12 Déc.	—	Jules ou le Trac*.
34	6 Janv.	1872	Les Autorités.
35	5 Févr.	—	Le Mandat impératif*.
36	25 Juill.	—	Le Voyage dans la Lune (3 actes).
37	27 —	—	Ève et le Serpent.
38	10 Déc. .	—	Tue-les; Tu-l'es!
39	28 —	—	La Critique des Pupazzi.
40	14 Janv.	1873	Le Grand Duc de Gérolstein*.
41	14 Juill. .	—	Le Pays des Cocos Fêlés*.
42	27 —	—	Le Manchon*.
43	—	—	Artistes et Portier.
44	15 Déc.	—	Les Prétendus d'Isabelle*.
45	17 —	—	L'Affaire Saint-Menuphar*.
46	26 —	1874	Les Médecins Imaginaires..
47	—	—	La République Athénienne*.
48	3 Juill.	1875	La Maison Pigetout et Cie (4 actes)*.
49	—	—	Le Tour du Monde en moins de 80 Jours.
50	29 Nov.	—	Le Conseil Municipal de Saint-Potin*.
51	20 Janv.	1876	La Femme du Monde et l'Auvergnat*.
52	3 Juill.	—	La Famille Cabasson.
53	3 Nov.	1876	La Société de l'Araignée dans le plafond.
54	26 Mai	1877	La Fille Élisa*.
55	6 Juill.	—	Où nous en sommes*.
56	—	—	Une Instruction Criminelle*.
57	17 Mars	1878	Irashaï.
58	28 Nov.	—	Les Mystères de l'Exposition.
59	9 Déc.	—	La Robe de soie*.

MODERNES.

Nos d'ordre.	Dates.		Titre des pièces.
60	7 Janv.	1879	*52 millions, Savez-Vous*!*
61	4 Févr.	—	*Le Drame impossible* (4 actes) .
62	7 Juill.	—	*Le Déménagement*.*
63	—	—	*Le Bain du Consul*.*
64	—	—	*La Comédie en Voyage.*
65	4 Févr.	1880	*Le Divorce.*
66	4 —	—	*Le Duc de Carcassonne*.*
67	15 Juill.	—	*Les Trois Gendarmes*.*
68	—	—	*Les Remords de Pierrot*.*
69	—	—	*L'Armoire magique*.*
70	—	—	*Le Procès de Polichinelle*.*
71	—	—	*Le Sac de Scapin*.*
72	—	—	*Avant la Fête*.*
73	25 Févr.	1881	*Une Ténébreuse Affaire.*
74	7 Juin	—	*Les Lundis de madame Bas d'azur**
75	7 —	—	*Les Académiciens*.*
76	11 Juill.	—	*Le Martyr.*
77	11 Oct.	—	*L'Esclave Ivre*.*
78	16 Nov.	—	*Le Général Pruneau de Tours *.*
79	8 Août	1882	*Le Musée Grévin* (2 tableaux).
80	11 Févr.	1883	*Les Conspirations.*
81	1 Mars	—	*La Réunion anarchique.*
82	26 Nov.	—	*Ça manque de femmes.* (Le Carrefour des Écrasés.)
83	18 Mars	1884	*Les Diplomates.*
84	8 Août	—	*Rallye-Paper.*
85	6 Avril	—	*Une Fête à la Poterie.*
86	4 Févr.	1885	*Le Petit Maître de Forges.*
87	12 —	—	*L'Affaire Névrosine Pétard.*
88	16 Avril	—	*A Monte-Carlo*.*
89	24 Juill.	—	*Les Souvenirs d'un Préfet de Police.*
90	2 —	1885	*Le Monde où l'on débine.*

N^{os} d'ordre.	Dates.		Titre des pièces.
91	4 Févr.	1886	*Une Soirée sous la Décadence.*
92	19 Nov.	—	*Tout Paris*.*
93	2 Déc.	1887	*Les Hommes de Chambre.*
94	28 Janv.	1888	*La Nouvelle Tentation de Saint-Antoine.*
95	—	—	*Une Réception ouverte.*
96	3 Févr.	—	*Les Avocats*.*
97	2 Avril	—	*Le Crime de Moutiers*.*
98	15 Juin	—	*Une Bonne Fortune* (Parodie du Passant).
99	12 Déc.	—	*L'Épopée moderne* (5 tableaux).
100	Juin	1889	*L'Hôtellerie de la Pomme de Pin.*
101	—	—	*Ernestine et Cie.*
102	4 Janv.	1890	*Le Roi Coco Keksalifet* (4 actes).
103	10 Févr.	—	*La Soirée Bécassin.*
104	31 Janv.	1891	*Le Député improvisé.*
105	7 Juin.	—	*Les Conférences.*
106	—	—	*Crapotin et Guibollard.*

Toutes ces pièces n'ont pas eu un nombre égal de représentations. Il y en a qui ont été jouées plus de cinq cents fois comme *le Procès Belenfant des Dames*, qui est la première que j'ai faite, et d'autres que je n'ai jouées qu'une seule fois ; il y en a même qui n'ont pas eu les honneurs d'une représentation publique et qui n'ont été que répétées ; l'actualité ayant passé trop vite. J'ai marqué d'un astérique celles qui ont été publiées.

Il y en a cinquante-six, réparties dans les volumes et les brochures dont la nomenclature suit :

BIBLIOGRAPHIE DES PUPAZZI

I. Pupazzi, 1866. — (Épuisé) 4 vol. grand in-18 Jésus, illustré par l'auteur. Dentu, éditeur.
Paris Pantin, 1868. — 2ᵉ série Pupazzi. (Épuisé) 1 vol. grand in-18 jésus, illustré par l'auteur. Lacroix et Verbœkhoven, éditeurs.
Fleur de Guitare, 1868. — Scène de la vie amoureuse et tourmentée en un acte et en vers. Brochure grand in-18 jésus, chez l'auteur.
Mon Village, 1868. — Intermède pastoral en un acte et en vers. Brochure grand in-18 jésus, chez l'auteur.
Sur la Terrasse de Monte-Carlo, 1869. — Symphonie fantaisiste en bleu majeur et en vers mineurs. Brochure grand in-18 jésus, chez l'auteur.
Le Mandat Impératif, 1872. — Pièce en un acte et en vers. Brochure in-18 illustrée par l'auteur, chez l'auteur.
La Femme du Monde et l'Auvergnat, 1876. — Comédie en un acte et en prose. Brochure in-18 jésus, chez l'auteur.
Le Théâtre des Pupazzi, 1875. — Un grand vol. in-8°, avec 18 eaux-fortes gravées par les premiers artistes de Paris. — Lyon, N. Scheuring, éditeur.
Les Pupazzi de l'Enfance, 1882. — Un vol. petit in-4° avec illustrations de B. de Monvel et de Ed. Morin. — Paris, Ch. Delagrave, éditeur. (Épuisé.)
Nouveau Théâtre des Pupazzi, 1882. — (Épuisé) 1 vol. grand in-18 jésus, illustré par l'auteur. E. Hilaire, éditeur.
A Monte-Carlo 1885. — Arlequinade en un acte. Brochure in-16. — Imprimerie de Monaco.
Le Général Pruneau de Tours, 1887. — Comédie en un acte. Brochure grand in-18 jésus. — Librairie Théâtrale.
Les Avocats, 1887. — Comédie en un acte. Brochure grand in-18 jésus. — Librairie Théâtrale.
Tout Paris. — Revue de l'année 1886, avec 14 croquis de l'auteur. Brochure grand in-18 jésus. — Librairie Théâtrale.

Le Crime de Moutiers 1889. — Comédie en un acte. Brochure grand in-18 jésus. — Librairie Théâtrale.

La Fille Élisa (sans date). — Scène d'atelier en un acte par un auteur bien connu. Brochure grand in-18 jésus tirée à petit nombre sur papier vergé. — A Rome, au Temple de Vénus.

III

Première représentation chez Carjat. — Ce qu'en dit le *Figaro* et toute la presse. — La princesse de La Tour d'Auvergne et la marquise de Saint-Clou. — La première du *Procès Belenfant des Dames* chez l'avocat Durand. — L'auditoire. — A Vichy. — M. Legouvé et M. Pinard. — *La Sixième Chambre* chez Pierre Véron. — *Le Roi Prudhomme.* — Analogies historiques.

Une fois le théâtre construit, les personnages fabriqués, les pièces faites, il fallut s'occuper de l'auditoire. J'ai dit plus haut que ma première représentation avait été donnée chez le photographe Carjat le 28 novembre 1863. Le succès en fut si grand que je dus redonner le soir même une seconde représentation. Le lendemain et les jours suivants, la presse en des articles plus élogieux les uns que les autres, lançait définitivement les Pupazzi.

Voici ce que disait Alphonse Duchesne dans le *Figaro* :

« Le succès de la soirée a été pour l'impresario de ce théâtre de fantoches, M. Lemercier de Neuville, succès foudroyant comme une bombe explosible... Ses bonshommes ont soulevé des tempêtes de rire. Et je ne crains pas d'ajouter que c'est presque une révélation et le point de départ d'un art nouveau purement aristophanesque et populaire, qui prendra des développements considérables le jour où à la liberté *des* théâtres la liberté *du* théâtre s'associera. »

Nous avons maintenant ces deux libertés, mais je ne vois pas que le Théâtre Libre ait donné les résultats qu'on en attendait.

J'étais devenu à la mode, mais je savais fort mal m'exploiter. Il fallait jeter de la poudre aux yeux, voir le monde, me prodiguer et, au lieu de cela, je ne songeais qu'à la fabrication et au perfectionnement de mes bonshommes. Je logeais alors rue des Dames, aux Batignolles, à un cinquième étage, dans un petit appartement très exigu. Mon théâtre, dressé dans mon salon, en occupait la majeure partie. Un jour du mois de mai 1864, j'y reçus la visite de deux grandes dames : madame la princesse de La Tour d'Auvergne et madame la marquise de Saint-Clou, qui venaient me demander une soirée. C'est avec peine que je pus les introduire dans mon salon et leur trouver des sièges, dont elles avaient grand besoin, après une ascension pareille. Madame la princesse de La Tour d'Auvergne était, pourtant montée plus haut dans le voyage aérien qu'elle fit avec Nadar. L'affaire fut vite conclue et les dames se retirèrent, mais, voyez la trahison des logis étroits, au lieu d'ouvrir la porte d'entrée elles tournèrent le bouton d'une autre porte voisine qui ne donnait pas sur l'escalier... J'entends encore leurs éclats de rire! Il est probable qu'un moment après, si elles avaient osé, elles seraient revenues volontiers ouvrir de nouveau cette porte-là. Dans cette année, je donnai vingt-cinq soirées, dont la dernière eut lieu le 28 décembre chez un de mes amis, Durand, et dont je vous demande la permission de parler.

Au numéro 6 de la rue du Pont-de-Lodi, à côté de la Vallée, jadis le grand marché aux volailles parisien, se trouvait un petit appartement composé de deux chambres, comme il s'en trouve encore mais bien peu dans les vieilles maisons de Paris. C'était la demeure de l'avocat Durand, un aimable garçon... qui est mort jeune. De temps en temps, Durand recevait. Ses invités ne fréquentaient pas les cours, on les voyait bien plus ordinairement dans les brasseries. C'étaient des bohèmes pour la plus plupart, mais des bohèmes intelligents, ambitieux et qui se sont fait un nom depuis. J'y ai vu *Jules Simon*, qui y était très considéré ; *Gambetta* y noctambulait volontiers ; il pérorait entre deux chopes avec cet accent méridional et cette voix vibrante que l'on sait et ne se faisait pas prier pour déclamer des vers de Victor Hugo. Il faisait aussi très habilement l'imitation de Jules Favre, mais le discours qu'il mettait dans sa bouche était une fine critique de ses procédés oratoires. *Gambetta*, depuis, m'a dicté ce petit morceau dans son logement de la rue Bonaparte. Il y avait là encore *Spuller*, qui ne portait pas encore toute sa barbe et ressemblait comme deux gouttes d'eau au prince Napoléon — mais jeune. — *Laurier*, lui aussi était de la bande, il y chantait une de ses compositions : *Les merles sont mes amis.*

Carjat, le photographe, était, bien entendu, l'âme de ces réunions et tous ceux qui se trouvaient là avaient plus ou moins posé devant son objectif. En consultant mes souvenirs, je retrouve encore *Alphonse Duchesne* et *Alfred Delvau* du *Figaro*; qui avaient mystifié Villemessant avec leur chronique signée *Junius; Amédée Rolland*, l'auteur du *Marchand malgré lui*, *Jean Du Boys*, *Charles Bataille*, *Antoine Gandon*, l'auteur des *Trente-deux duels de Jean Gigon*, *Théodore Pelloquet*, le critique d'art, cravaté de blanc et le brûle-gueule à la bouche... Tous ceux-là sont morts! Qui encore? *Eugène Potrel*, qui était lâche et qui s'en vantait, mort propriétaire; *Georges Detouche*, un suicidé, *Durandeau* le caricaturiste humoristique; *Charles Monselet*... Que de tombes déjà! et j'en oublie!

C'est devant cet auditoire sceptique, mais très intelligent, que le *Procès Belenfant des Dames* fit sa première apparition le 28 décembre 1864. Chaque marionnette parfaitement ressemblante y était saluée par des rires et des bravos, quoiqu'on ne m'eût pas trouvé assez méchant.

Je me souviens qu'à Vichy, quelques années plus tard je donnai une représentation de cette pièce au chalet de la direction, dont M. Arthur Callon faisait les honneurs d'une façon charmante. Il y avait là un auditoire d'élite où se trouvaient entre autres : MM. Legouvé, Meissonnier, Pinard l'ancien ministre de l'empire, alors procureur général à Douai, Batta le violoncelliste, Malézieux le chanteur comique, madame Marie Cabel, etc.

Au moment où je commençais, M. Legouvé se précipita derrière ma baraque et me dit :

— Coupez! rognez, M. Pinard n'a pas l'air content!

— Ah! tant pis! répondis-je, il me fourrera en prison après la représentation mais je ne changerai pas un traître mot.

Je ne changeai rien en effet, et à la fin de la soirée, M. Pinard me dit :

— C'est fort bien, mais pourquoi n'avez-vous pas représenté le ministère public? c'est une lacune.

— Non pas, monsieur, répondis-je, c'est une omission volontaire et prudente : et d'ailleurs, en ce moment-ci, le ministère public n'est-il pas en vacances?

Ce procès imaginaire est un cadre satirique et bouffon dans lequel j'assignais comme témoins des personnages étrangers à la cause; ainsi tour à tour ont défilé devant le jury : Gustave Courbet, Rossini, Alfred de Caston, Émile de Girardin, Dumas père, Jules Simon, Thiers, Victor Hugo, le docteur Tardieu, etc. Maintenant c'est Pasteur et Sarah Bernhardt qui viennent déposer. Autrefois encore les avocats étaient Jules Favre et Lachaud; aujourd'hui les avocats sont imaginaires, mais j'ai respecté les plaidoyers.

Malgré l'ancienneté de cette pièce, je la joue encore souvent avec succès. La justice n'est-elle pas immuable!

Mais il y a des pièces qui sont des à-propos, et que je n'ai jouées qu'une seule fois, malgré tout le travail qu'elles m'avaient coûté. De ce nombre est *la Sixième chambre*, faite exprès pour une soirée chez Pierre Véron, le directeur du *Charivari*, le 6 janvier 1869. Il y avait là tout Paris, comme on dit aujourd'hui. Un concert occupait la soirée, et quels artistes! C'était mademoiselle Nilson, MM. Tamberlick, Delle Sedie, Bonnehée, Sarrasate, Bottesini et bien d'autres.

A une heure du matin seulement je levai mon rideau.

L'affiche était ainsi conçue :

LA SIXIÈME CHAMBRE

Procès-Revue de l'année 1868.

en une audience, avec manœuvre à l'intérieur, distribution d'amendes, sons de cloches, reflets de lanternes, alinéas, protestations, plaidoiries, réquisitoires, mois de prison...

Le tout terminé par des

TABLEAUX VIVANTS.

Tout était allusion dans cette improvisation. Qu'on se rappelle la situation de Paris à cette époque. L'empire tracassait beaucoup les journalistes. C'était la grande vogue de la *Lanterne* de Rochefort. Le matin même, Lockroy avait été condamné à quatre mois de prison et Rochefort, pour éviter de faire la sienne, s'était réfugié en Belgique où il continuait ses pamphlets qui pénétraient quand même en France, et les magistrats qui les poursuivaient en possédaient les premiers des exemplaires. Le procès Baudin venait de mettre en relief Gambetta. Dans cette pièce je critiquais la magistrature impériale, la police, les tableaux vivants qu'on représentait aux Tuileries, puis je mettais en scène Jules Simon, Jules Favre, de Villemessant, Émile de Girardin, etc. Eux-mêmes ou leurs amis étaient là.

Il y avait une certaine témérité à faire entendre cet à-propos devant un auditoire d'élite, qu'il n'était pas facile d'amuser et que la moindre maladresse pouvait me rendre hostile. Heureusement je réussis. A partir de ce moment, je résolus de faire chaque année une pièce d'actualité, une espèce de revue politique, littéraire et même parfois théâtrale. La collection de ces pièces forme une sorte d'histoire de France, depuis vingt ans, histoire grotesque et critique de faits plus ou moins oubliés aujourd'hui.

Quelques-unes de ces pièces n'ont plus grand sel aujourd'hui; elles ont été pour ainsi dire improvisées et modifiées d'une représentation sur l'autre : elles n'ont vécu que par les imitations des personnages que j'y introduisais. Mais il en est d'autres qui ont résisté à l'épreuve du temps. De ce nombre est *le Roi Prudhomme*, en deux actes (1869), qui est absolument une reproduction fidèle de l'empire à cette époque.

L'empire était alors en pleine dégringolade; le peuple s'agitait; il y avait chaque jour des émeutes sur les boulevards; dans les rassemblements on distinguait des blouses blanches qui semblaient donner des ordres; on disait que c'était des policiers. Le procès Baudin avait mis en relief Gambetta; l'opposition était devenue plus aggressive. Rochefort, avec sa *Lanterne*, attaquait personnellement l'empereur, les journaux devenaient de plus en plus frondeurs, on poursuivait les journalistes; la situation était tendue. L'empereur, voulant inaugurer une politique libérale, appelait Émile Ollivier au ministère; il songeait même à y appeler M. de Girardin. En même temps il priait M. Haussmann, préfet de la Seine, de donner sa démission. Toutes ces mutations précédèrent le plébiscite.

Cet état de choses ne prêtait guère à railleries; pourtant il suffit pour me donner le sujet d'une pièce critique amusante.

Mes personnages, d'ailleurs, étaient tous historiques. Je ne m'étais pas permis de mettre en scène la figure du souverain, mais ce que je faisais dire au roi Prudhomme indiquait suffisamment que j'avais voulu désigner l'empereur.

Le grand exilé, c'était Victor Hugo.

Le grand inattendu, Rochefort.

Le grand irréconciliable, Gambetta.

M. de Tournetourne, Émile Ollivier, son évolution politique m'avait fait lui donner ce nom.

Syllogismos était M. de Girardin.

Et l'inspecteur des pavés, M. Haussmann.

Le chambellan seul était un personnage imaginaire, chargé de donner la réplique aux autres.

Il n'y a aucune analogie apparente entre l'année 1869 et 1891 — époque à laquelle j'écris ces lignes;

— cependant les rassemblements de 1869 ont un certain rapport avec les agitations boulangistes et l'appel au peuple qu'ils réclament ressemble beaucoup au plébiscite. Les changements de ministère sont les mêmes aux deux époques, et la substitution du régime parlementaire de 1869 au régime autoritaire a ceci de particulier : c'est que certains partis semblent désirer vivement l'inverse aujourd'hui.

IV

Les Pupazzi chez les Souverains. — Napoléon III. — Dom Pedro, empereur du Brésil. — Charles III, prince de Monaco. — Le prince Amédée, duc d'Aoste, ex-roi d'Espagne.

Dans une époque démocratique comme la nôtre, les souverains n'ont plus le prestige qu'ils avaient autrefois. C'étaient les courtisans qui mettaient ainsi une auréole au front de la personne royale ou impériale. C'était aussi l'étiquette qui rendait imposant le souverain; alors, même ceux qui ne l'aimaient pas, feignaient de respecter l'autorité, et les noms glorieux, les grades élevés, les hautes situations, jouissaient de la considération à laquelle ils avaient droit.

Aujourd'hui que le souverain est tout le monde, on n'a plus peur du souverain et il n'inspire aucun respect. Jadis, quand un souverain passait, on se découvrait; ce n'était pas l'homme, c'était la fonction qu'on saluait, comme encore dans le fond de la Bretagne, le paysan salue le prêtre; de nos jours, on n'ôte plus son chapeau que devant la mort, parce que, ce souverain-là, on n'a pas pu encore le renverser.

Il me serait facile de m'étendre longuement sur cette modification de nos mœurs et de nos idées, mais ce que je pourrais dire, vous le savez comme moi, vous connaissez les origines de ce nivellement et d'ailleurs ce serait m'éloigner de mon sujet.

Mais si les souverains n'ont plus la même auréole, on n'en est pas moins curieux de connaître ce qu'ils font, ce qu'ils disent, ce qu'ils pensent; on a la curiosité de pénétrer dans leur intérieur et de les voir en robe de chambre. J'ai eu l'honneur d'être accueilli par quelques-uns, et ce sont mes impressions personnelles que je vais vous raconter.

NAPOLÉON III.

Le 31 janvier 1870, je fus appelé aux Tuileries. Le général Douay, qui m'avait vu quelques jours auparavant chez M. Eggly, agent de change, avait parlé de mes Pupazzi à l'impératrice et Sa Majesté avait désiré les voir. Si flatteur qu'était pour moi cet appel, il ne laissait pas de m'inquiéter, car on me laissait libre du choix de mes pièces. Je ne voulais pas être trop timoré, mais je redoutais d'être trop audacieux. D'ailleurs, il eût été mauvais goût de critiquer l'empereur ou son gouvernement dans sa propre maison. Je choisis donc un spectacle ni trop fade, ni trop salé. Il se composait de :

1º *Prologue à l'empereur;*
2º *Le Rat Deville et le Rat Deschamps*, scène de corruption électorale;
3º *Les Fourberies de M. Prudhomme;*
4º *Une Réunion publique.*

Dans cette dernière pièce, j'enlevai le personnage de Rochefort, insultant pour Leurs Majestés et qui eut visiblement gêné leur entourage. Ce n'était point une courtisannerie, mais bien une affaire de tact et de bon goût.

Mon théâtre avait été dressé par moi, dans la journée, dans le salon Blanc appelé aussi salon du Premier Consul qui touchait à la salle des Maréchaux.

Des deux côtés de ma baraque, j'avais fait dresser deux grands paravents qui me servaient de coulisses, où j'avais disposé sur deux tables les Pupazzi nécessaires à ma représentation. Pendant que je m'occupais de ma besogne, le prince impérial entra dans le salon et regarda curieusement mon installation à distance; je voyais bien qu'il voulait s'approcher, mais je n'osai pas lui adresser la parole.

Le soir à neuf heures, l'empereur fit son entrée, suivi de tous ses invités. Il y avait eu un dîner de famille de quarante couverts. Après l'empereur, je vis entrer lentement le prince Napoléon, la princesse Mathide, la princesse Clotilde, le prince et la princesse Murat, le duc et la duchesse de Mouchy, le vicomte et la vicomtesse Clary, nouvellement mariés, puis le prince et la princesse de Metternich avec leurs enfants, la duchesse de Malakoff et sa fille Louise, la baronne de Poilly, le maréchal et la maréchale Canrobert, la marquise de Galliffet, Bazaine et la maréchale, j'en passe... et enfin M. Octave Feuillet et M. Paul Féval...

C'était pour la première fois que les enfants étaient admis à ces sortes de soirées et c'est spécialement pour eux que l'on avait fait venir les Pupazzi.

Il y avait bien trois cents personnes.

L'empereur était en habit noir et en culotte courte; il marchait lentement, tortillant sa moustache d'une main; l'autre main était posée sur sa hanche gauche.

L'impératrice vint le rejoindre et Leurs Majestés s'assirent sur des fauteuils qui leur avaient été réservés. Le prince impérial s'assit auprès de sa mère, ayant à côté de lui la princesse Mathilde et derrière lui ses jeunes amis : MM. Murat, Espinasse, Conneau, Corvisart et de Bourgoing.

M. le vicomte de La Ferrière vint me dire alors que je pouvais commencer.

Mon pianiste exécuta une petite ouverture, puis je levai lentement mon rideau.

Si je vous disais que le cœur ne me battait pas, je mentirais. Me voyez-vous, moi, petit journaliste, chargé d'amuser une cour blasée, et faire parade de mon esprit parisien devant cet auditoire d'élite! Il y avait de quoi faire trembler de plus habiles que moi.

Une marionnette représentant mes traits s'avança, et, après trois saluts cérémonieux, débita le prologue suivant :

> Sire, j'arrive de profil,
> Et vous tire ma révérence.
> Ce spectacle vous plaira-t-il?
> Là se trouve mon espérance !
>
> Des Pupazzi, je suis l'auteur,
> Le décorateur-machiniste,
> Le poète et l'exhibiteur...
> Un mécanicien-journaliste !
>
> Franchissant le mur Guilloutet
> Bravant le timbre et la censure,
> Dans la personnalité pure
> Je vais me lancer tout d'un trait.
>
> Mais cependant j'aurai des formes!
> Et dans certains endroits risqués

De crainte de communiqués
Mes coupures seront énormes!

Peut-être n'est-ce pas très bien,
Et trouvera-t-on que j'abuse...
Mais si Napoléon s'amuse
Que l'Empereur n'en sache rien.

Un petit murmure flatteur accueillit ce préambule et me donna du courage.

Je commençai alors ma première pièce, *le Rat Deville et le Rat Deschamps*, scène de corruption électorale en un acte et en vers.

Dans cette pièce, il y avait des allusions directes: allusions à Gambetta, à Émile Ollivier, nouveau ministre, à la prorogation de la Chambre; je dirai que ce ne fut pas sans une certain émotion que j'arrivai au passage suivant :

Le Rat Deschamps interroge le Rat Deville, candidat à la députation :

LE RAT DESCHAMPS.

Peut-on interroger?

LE RAT DEVILLE.

Je n'ai nul embarras!

LE RAT DESCHAMPS.

Êtes-vous orateur?

LE RAT DEVILLE.

    Mon Dieu, je ne suis pas
Un de ces orateurs irréconciliables
A la barbe de dieux, à l'organe de diables !
Mais j'ai rongé jadis, dans l'ancien *Moniteur*,
Des passages fameux et des mots de valeur
Je saurais m'en servir !...

LE RAT DESCHAMPS.

    Eh bien, si, d'aventure,
Le pouvoir demandait à la législature
Des conseils, des avis...

LE RAT DEVILLE.

    Ce serait surprenant !
Mais enfin, je dirais : « O Sire ! Faites grand ! »

LE RAT DESCHAMPS.

Très bien !

LE RAT DEVILLE.

  L'*Officiel*, dans ses lignes serrées
Faites pour endormir dans les longues soirées
L'insérerait. D'ailleurs, de crainte de complot,
Je passerais la nuit à corriger mon mot.
Ma circonscription sans doute serait fière
Du mot typique et fort, dit par son mandataire.

LE RAT DESCHAMPS.

Sans doute !

LE RAT DEVILLE.

Je saurais, avec habileté
Me glisser quelquefois dans la majorité
Sans quitter cependant la ligne libérale.
Un parti trop peu fort semble être une cabale.
Et puis, on ne sait pas ce qui peut arriver !
Un mot, monsieur, suffit parfois pour captiver...
Et lorsque, comme moi, l'on n'est ni sot ni cuistre
On s'endort député, pour se lever ministre !

LE RAT DESCHAMPS.

J'entends bien ! Si pourtant, car il faut prévoir tout,
Le pouvoir trouvait peu la Chambre de son goût
Et s'il la prorogeait... Je l'en crois bien capable !

LE RAT DEVILLE.

Alors ! oh ! bien, alors, je crierais comme un diable !
Puis au bout de six mois, six mois, terme légal,
Fort de mon droit, bravant un dénouement fatal,
Qu'on ait ou qu'on n'ait pas convoqué l'Assemblée
Je veux être à mon poste et j'entrerai d'emblée !
Et puis je m'asseoirai, si je suis seul, tant pis !
Mais, pour représenter dignement mon pays,
J'oserai, pour montrer la loi que l'on viole,
Au président absent demander la parole !

Ce passage fut débité par moi, au milieu d'un silence profond, mais l'empereur se mit à rire ; la glace était rompue, je fus vigoureusement applaudi.

A peine mon rideau fut-il tombé, l'impératrice vint soulever mes draperies et voulut bien me féliciter.

— Je vous en prie, me dit-elle, ne dites rien des personnes présentes; il y a là M. Octave Feuillet, M. Paul Féval; je ne voudrais pas les désobliger.

Je rassurai Sa Majesté en lui assurant que je ne les avais pas mis en scène et que d'ailleurs mes critiques étaient bénignes.

Après la seconde pièce : *les Fourberies de M. Prudhomme*, qui fut applaudie comme la première j'aperçus près de moi un spendide valet tout galonné d'or qui regardait l'assemblée à travers les feuilles du paravent.

— S'amuse-t-on? lui demandai-je.

— Ah! monsieur! Ils *rigolent*! me répondit-il. Jamais ils n'ont tant rigolé!

Malgré cette assurance, ma troisième pièce m'inquiétait. J'avais, en effet, suivi le précepte de Nicolet : De plus fort en plus fort. Mon rideau se levait sur une salle de réunion publique : au fond l'on voyait une porte ouverte où se détachaient des silhouettes de sergents de ville, et au-dessus, le buste de Marianne, entouré de drapeaux rouges. Cette salle semblait pleine d'une foule déguenillée; au premier plan se trouvait une tribune où siégeaient deux Pupazzi à figures patibulaires : c'étaient le président Fripaillon et l'assesseur Belenfant.

Le président Fripaillon prenait ainsi la parole :

— Enfin ! me voici donc à la veille d'être quelque chose ! Depuis vingt ans et plus, moi, Hyacinthe Fripaillon, ancien clerc d'huissier, et régent de collège, je lutte avec une mauvaise chance désespérante ! Aucune occasion qui se présente ne m'est favorable : En 93, je n'étais pas né ; en 1830, j'étais trop petit ; en 48, je n'étais pas connu ; en Juin, j'ai été transporté, depuis, je végète ! Mais l'heure est venue et je vais me montrer ! Qu'il est beau d'avoir des principes et de pouvoir revendiquer. Je revendique ! Et d'abord, je revendique la présidence de la réunion. Citoyens ! je me nomme président à l'unanimité !

A ce moment, je jetai un coup d'œil sur le laquais doré qui regardait toujours entre les feuilles du paravent : il ne riait plus ; un frisson me glissa le long du dos.

A cette époque, on voyait dans tous les bureaux de rédaction des journaux un grand vieillard, à barbe blanche, à figure très maigre, aux yeux brillants enfoncés dans l'orbite, qui venait offrir des poésies humanitaires et des articles insensés. On le considérait comme un fou. Il s'appelait lui-même l'avocat des fous. Il l'était, du reste, mais sa folie était douce. Il s'appelait Gagne, — Paulin Gagne. — Il avait pour femme une muse : Madame Élisa Moreau, qui écrivait pour la jeunesse, et dont l'une des œuvres, *les Souvenirs d'un petit enfant*, avait même été couronnée par l'Académie. Gagne avait la manie du vers et du néologisme. Comme du Bartas, un des poètes de la pléiade, il ne trouvait pas la langue française assez explicite et il forgeait des mots étranges, en accouplait d'autres et arrivait ainsi à rendre ses productions complètement illisibles. Ainsi, on trouvait à chaque instant dans ses vers des expressions comme celles-ci : les *Théophobélitres*, la *Royautisophie*, la *Socialoforce*, la *Philosofluide*, etc... Une de ses manies favorites était encore d'ajoindre le mot *archi* à tous les autres mots : La *Panarchie*, l'*Anarchide*, l'*Archimonde*, etc. Il a publié un volume de vers, de vingt mille vers, s'il vous plaît, intitulé l'*Unitéide ou la Femme Messie*, poème universel en douze chants et soixante actes où l'on peut cueillir à discrétion ces étonnants barbarismes.

Une telle figure appartenait de droit aux Pupazzi.

Gagne entrait donc en scène sous le nom de *Archiobéliscal* et je lui faisais chanter ceci :

> Ce que je veux, c'est l'*archibien*,
> L'*archibonheur*, l'*archiculture*
> Qui transforme l'*archinature*
> Comme chaque *archicitoyen*.
> Ce serait *archiremarquable*;

De voir, par un *archi beau jour*,
L'*archihumanité* capable
De s'étreindre en *archiamour*,
Les cordonniers seraient *archis*
On verrait des *archinotaires*
Et des *archipropriétaires*
Qui seraient *archienrichis*.
Les *archiducs*, les *architectes*,
Les habitants de l'*Archipel*,
Les *archis* de toutes les sectes,
Viendraient à notre *archiappel*,
Puis alors j'*archichanterais*,
Le chant de l'*archiharmonie*,
Nous serions dans la *Panarchie*
Et m'en *archiréjouirais!* »

A la fin de ce couplet je vis le laquais qui souriait. Je pris courage.

A Gagne succédait M. *Glais-Bizoin* sous le nom de *Kerkinterrompt*; puis *M. de Villemessant* sous le nom de *Tripotée-Trique*, allusion à la société de protection mutuelle qu'il voulut fonder sous le nom de Société des gourdins réunis; puis la pièce se terminait par l'entrée de madame Benoiton — je la mettais alors à toutes sauces — qui proposait de nommer Capoul :

Nommons Capoul! (*bis*)
Il a tout ce qu'il faut pour plaire!

De l'un à l'autre bout du boul...
...Evard, on ne voit que Capoul!
Si de sa voix Toulouse est fière
Sa moustache, à nous, nous est chère!
Nommons Capoul! (*quater*).

Mon rideau se baissa sur de nombreux applaudissements.

La représentation finie, comme j'essuyais ma figure couverte de sueur, le vicomte de La Ferrière vint me dire :

L'empereur désire vous remercier, venez!

Je n'avais pas prévu cette marque de bienveillance. Je coulai rapidement mes gants et en sortant du paravent, j'aperçus l'empereur seul, debout à cinq ou six pas de moi; à une égale distance derrière lui, les invités se levaient.

Est-ce timidité, ou manque d'habitude? mais il me sembla que le parquet ciré se dérobait sous mes pas, que tous les yeux étaient fixés sur moi et que l'on allait se moquer de ma gaucherie. J'avançai cependant et m'arrêtai à un pas de l'empereur.

— Je vous félicite, monsieur, me dit Sa Majesté, votre petit spectacle est très intéressant.

— J'ai fait mon possible, pour distraire Votre Majesté.

A ce moment, l'impératrice nous rejoignit.

— Est-il vrai, monsieur, que vous avez inventé cela pour amuser votre enfant malade?

— C'est vrai, madame, ces pantins qui ont servi à le guérir, servent maintenant à l'élever et à l'instruire.

— Mais vous avez d'autres pièces que celles-ci, dit l'impératrice, des scènes, comment dirais-je... plus accentuées?

Elle faisait allusion au *Roi Prudhomme*, dont lui avait parlé le général Douay.

— Plus tard, interrompit l'empereur, dans l'intimité, M. de Neuville nous les jouera. Mais qui vous fait vos pièces? ajouta-t-il.

— C'est moi, Sire!

— Ah! et les têtes de vos personnages?

— C'est encore moi! J'ai imaginé et construit ce théâtre, comme aussi j'ai peint les décors...

L'empereur tortillait sa moustache en souriant.

— C'est très curieux! Vous êtes universel... Comment faites-vous?

Alors, très embarrassé, je répondis :

— Mais, Sire... je veux!...

Et je ne trouvai plus un seul mot à ajouter.

L'empereur me fit un salut bienveillant et esquissa un sourire qui était peut-être bien ironique, car mon mot de la fin pouvait lui sembler prétentieux.

Je compris que mon audience était terminée. Je

saluai respectueusement Leurs Majestés et regagnai mon théâtre que je trouvai envahi par le prince impérial et ses jeunes amis. Chacun d'eux s'était emparé d'une marionnette et la faisait manœuvrer de la belle façon.

— Monseigneur! monseigneur! dit le duc de Mouchy qui se trouvait là, au Prince Impérial, prenez garde de rien abîmer!

Le prince impérial remit sur la table la poupée qu'il tenait, ses amis l'imitèrent et tout le monde regagna le salon où une petite sauterie fut organisée. On retint mon pianiste pour faire danser et moi, pendant ce temps, je ramassai mes personnages et me retirai.

Cette représentation donna une grande vogue à mes Pupazzi.

DOM PEDRO, *empereur du Brésil.*

En 1872, l'empereur du Brésil, dom Pedro, vint pour la première fois à Paris et y eut un grand succès. On aima ce souverain sans façon, qui visitait tout : les musées, les académies, les sociétés scientifiques, heureux de montrer aux lettrés, aux savants qu'il était un des leurs. C'est à qui lui ferait fête; il n'avait pas un moment de repos : le jour on le voyait à l'Académie, le soir dans un salon du faubourg Saint-Germain. — M. le vicomte Benoist d'Azy eut l'honneur de le recevoir et me pria d'exécuter devant lui un petit intermède. La vicomtesse me demanda plus, elle voulut un à-propos. J'avais été prévenu le matin même et donnais déjà le soir une représentation au Grand-Hôtel. J'étais pris de court, j'hésitais, j'avais peur de m'en tirer mal...

— Je vous présenterai à l'impératrice, me dit la vicomtesse, croyant me décider; si elle est contente, comme je n'en doute pas, elle vous fera venir chez elle.

J'acceptai donc, très embarrassé de mon à-propos, que l'on n'avait pas le temps de contrôler et dont par conséquent, on me laissait toute la responsabilité. A cette époque, on était sous le régime de l'*Essai loyal*. — On essaye encore aujourd'hui, mais cela ne s'appelle plus l'Essai loyal. J'imaginai, pour mon improvisation, de me servir de cette idée. Somme toute, que me fallait-il? un cadre où je ferais défiler un certain nombre de personnages dont un dirait le compliment destiné à l'empereur. Mais quel serait ce compliment? Et quel personnage serait chargé de le dire? Après avoir beaucoup réfléchi je m'arrêtai à ce canevas que j'avais intitulé : *les Consultations*.

M. Prudhomme. — Ce personnage a souvent été employé par moi comme compère, c'est le type d'Henry Monnier, le bourgeois de Paris, raisonneur important, naïf tout à la fois, disant en même temps des bourdes et des vérités, type éternel que les révolutions n'ont pas encore modifié. — Donc, M. Prudhomme entrait en scène et disait :

— Je n'ai pas de préjugés, non, je n'en ai pas; Mais j'aurais le droit d'en avoir ! Le préjugé est le contraire de l'opinion. — Sentiment irréfléchi peut-être, mais sentiment! — Aujourd'hui, sentiments, opinions, préjugés, on fait tout passer par le laminoir du progrès! cela s'aplatit! — Enfin! — Je disais donc que je n'avais pas de préjugés, c'est pourquoi j'ai ouvert un bureau pour l'enregistrement des idées modernes. — Aujourd'hui, on n'accepte plus les idées toutes faites; on n'est plus adepte, on est novateur; on n'est plus sectaire, on est créateur; on ne suit pas, on précède. Voici déjà plusieurs jours que mon bureau est ouvert, c'est un essai loyal que je fais, voyons les types curieux qui vont se présenter aujourd'hui...

Après ce petit préambule, un peu sérieux, mais que la voix particulière de M. Prudhomme rendait comique, je faisais défiler successivement : Dumas fils, Émile de Girardin, Jules Simon, Jules Favre, Victor Hugo, Lachaud et Offenbach dont les boniments et les imitations furent très bien accueillis, puis M. Prudhomme rentrait en scène et disait :

— Eh bien, qu'en pensez-vous? quelle est la bonne idée de toutes celles-là? Mais, au fait, pourquoi ne dirai-je pas la mienne aussi? — Oui, je le dis, sans hésitation, je voudrais un gouvernement avec un souverain, qui, en France, serait, en ce moment-ci, peut-être un idéal. Il aurait la naissance et les grandes vertus qui font qu'on est obéi, aimé et respecté. Il ne reculerait devant aucun progrès; il aimerait les sciences, les lettres et les arts, et non seulement il les aimerait, mais encore il les cultiverait; on le verrait tour à tour, aux concerts, aux amphithéâtres, aux sociétés savantes, à la Société de botanique entre autres, honorant et protégeant par sa présence toutes les branches de l'esprit humain. — Oui, voilà ce que je voudrais ! Mais je crois que cet idéal est devenu bien rare dans notre vieille Europe et que pour le trouver, il faudrait passer l'Atlantique !

A ce moment madame la vicomtesse Benoist d'Azy détacha une rose de son corsage et l'offrit à l'empereur.

C'était le moment où j'aurais dû être présenté à l'impératrice. Le salon du vicomte Benoist d'Azy était petit, les dames de la cour, avec leurs longues traînes, l'encombraient; je parvins avec mille précautions à franchir deux robes; mais comme tout le monde était debout et se dirigeait vers le buffet, il me fut impossible d'aller plus loin. Je restai bloqué entre une grosse duchesse dont l'éventail glaçait mon visage où perlait la sueur et une marquise dont les épaules merveilleusement belles servirent du moins à adoucir le regret de ne pouvoir être présenté.

L'hiver dernier, à Cannes, j'eus encore l'honneur de jouer devant l'empereur du Brésil. Cette fois, la maîtresse de maison vint me chercher pour me présenter, et l'empereur, après m'avoir complimenté, me donna... — Non, ne regardez pas ma boutonnière, il n'y a rien! — Sa Majesté me donna une poignée de main, et je considère que cet honneur est tout ce que je méritais.

CHARLES III, *prince de Monaco.*

C'est le 5 février 1875 que je fus appelé au palais de Son Altesse Charles III, prince de Monaco. Vous connaissez cette minuscule principauté qui dort paresseusement au pied de ses rochers baignés par la Méditerranée, entre la France et l'Italie? Sa capitale est perchée à trois cents pieds d'élévation, sur un roc tapissé de figuiers de Barbarie et d'aloès; ses rues étroites, il y en a trois, reliées entre elles par des passages couverts qui garantissent du soleil, se forment sur la place d'un couvent, près des jardins Saint-Martin, pour aboutir sur la place du palais du prince. Ce palais est des plus curieux; il date des xve et xvie siècles, mais il a été agrandi et restauré à diverses époques. Sur sa façade se dresse une tour de style mauresque où flotte le pavillon des Grimaldi. La cour d'honneur, où s'élève un merveilleux escalier de marbre blanc est entourée de fresques remarquables.

Quoique la principauté de Monaco soit très petite, le prince a une cour complète : grand aumônier, chambellans, aides de camp, officiers d'ordonnance, secrétaire des commandements, trésorier général, archiviste, médecins, gouverneur de la ville, rien ne manque et l'étiquette est des plus rigoureuses. J'avais eu affaire à un des aides de camp du prince, le colonel de Grandsaigne, dont la brusquerie soldatesque, voulue probablement, cachait une nature des plus sympathiques. Il m'avait bien recommandé d'être exact. Ma séance commençait à huit heures du soir.

Je ne logeais pas à Monaco, mais à Monte-Carlo, à l'hôtel de Paris, c'est-à-dire à dix minutes de voiture du palais. Pendant la saison d'hiver, Monte-Carlo est très animé; les hôtels sont bondés d'étrangers, tous gens de plaisir, et le Parisien ne s'y trouve jamais isolé ; il y rencontre toujours bon nombre de connaissances. C'est ce qui m'était arrivé. J'avais retrouvé des amis et ils m'avaient invité à dîner. Mais, dans ces endroits où la raison cède volontiers le pas à la folie, où l'attrait du jeu domine toutes les autres attractions, les rendez-vous donnés sont souvent retardés. Mes amis avaient perdu, puis regagné, enfin j'avais pu les rassembler au restaurant de l'hôtel et nous avions commandé le repas. Le tout était de le faire servir. Le service a beau être très bien organisé, il est très difficile de contenter un millier d'affamés en même temps. L'heure passait, je ne pensais qu'à mon estomac, et j'avais presque oublié ma soirée, quand au moment du potage, je m'aperçus tout à coup que huit heures allaient sonner! Je sortis précipitamment de table et brûlant la politesse à mes amis, je me jetai dans une voiture. J'étais en retard.

— Au palais du prince!

Le cocher toucha ses chevaux qui partirent au grand galop et me déposèrent à l'entrée du palais au moment où le timbre de l'horloge sonnait le quart.

M. de Grandsaigne, justement inquiet, m'attendait sous la porte d'honneur.

— Vous êtes en retard, monsieur.

Il fallait trouver une excuse. J'imaginai qu'il y avait un bal à Menton et que je n'avais pu trouver de voiture.

— Je n'ai pas entendu parler de ce bal! Enfin, vous êtes prêt? Vous pouvez commencer de suite?

— Sans doute, colonel!

— Suivez-moi.

Alors, par des petits escaliers, pratiqués dans les larges murailles du palais, je suivis le terrible colonel, qui grognait devant moi, et j'arrivai dans le petit salon où devait avoir lieu la soirée, sans qu'on se fût aperçu de mon entrée.

J'attendis encore une demi-heure avant de commencer. Derrière moi, dans un salon voisin, j'apercevais, à travers une glace sans tain, la livrée du prince composée d'hommes superbes dorés sur toutes les coutures. Devant, je voyais les invités, les dames d'honneur, les officiers en grande tenue, l'évêque, les consuls étrangers, la princesse de Wurtemberg, sœur du prince.

La représentation fut assez froide. L'étiquette défendait d'applaudir, et on ne pouvait pas voir les impressions du prince qui s'était placé au fond du salon, derrière ses invités. On sait que Son Altesse Charles III était aveugle.

J'avouerai franchement que ce manque d'entrain m'avait un peu paralysé. Les applaudissements n'ont pas pour seul effet de satisfaire la vanité de l'artiste, ce sont encore et surtout des stimulants pour son talent. Si sûr de lui qu'il soit, si entraîné qu'il paraisse, il tombe bien vite quand l'approbation de l'auditoire ne le soutient pas. Dans le monde, il est de bon ton de ne pas applaudir; bien qu'il connaisse cet usage, l'artiste en souffre, et malgré lui se sent privé d'un de ses moyens les plus puissants : c'est-à-dire l'entrain. Il doit y avoir entre l'artiste et le public un fluide communicatif dont la résultante est l'applaudissement.

Je croyais donc n'avoir pas réussi, et je rangeais tristement mes pantins pendant que le salon se vidait, quand M. de Grandsaigne apparut tout à coup.

— Vite, monsieur, venez! Son Altesse vous invite à prendre le thé.

— A prendre le thé? répondis-je, croyant avoir mal entendu.

— Mais dépêchez-vous donc! Son Altesse attend, mettez vos gants et suivez-moi.

Dans une petite salle, au plafond bas, se tenait au fond, devant une table couverte d'assiettes de gâteaux, un domestique versant le thé dans des tasses du Japon. Tout autour de la pièce, debout, une tasse à la main, étaient rangés les intimes. Le prince, au bras de sa sœur la duchesse de Wurtemberg, allait de l'un à l'autre, disant un mot aimable à chacun. M. de Grandsaigne m'avait placé entre l'évêque, monseigneur Theuret et le gouverneur de Monaco, qui était alors M. de Sainte-Suzanne. Le prince s'arrêta devant moi et se mit à m'interroger. Quoiqu'il n'eût vu aucun de mes personnages, mes pièces l'avaient beaucoup intéressé ; il me parla de Paris, des hommes de lettres qu'il connaissait, des acteurs qu'il avait vu jouer jadis, enfin, pendant plus de vingt minutes, il s'entretint avec moi.

Je ne dirai pas que les courtisans murmuraient,

mais ils me semblaient très étonnés de la bienveillance du prince pour un simple montreur de marionnettes. Enfin, le prince me quitta, dit encore quelques mots à divers personnages; puis vint à moi, me souhaita bonne chance dans ma tournée et entra dans ses appartements toujours au bras de sa sœur.

Alors, M. de Grandsaigne vint à moi et me dit :
— Vous êtes libre, maintenant !

LE PRINCE AMÉDÉE, *duc d'Aoste, ex-roi d'Espagne.*

L'année suivante, en 1876, au mois de février aussi, je fus appelé à San Remo, à la villa Dufour, pour donner une représentation devant le duc et la duchesse d'Aoste, ex-souverains d'Espagne. Le prince Amédée, duc d'Aoste, frère du roi d'Italie, avait épousé, en 1867, la princesse della Cisterna. Les terribles événements qui eurent lieu en Espagne, en février 1873, avaient porté un coup fatal à la princesse et développé chez elle la maladie qui devait l'emporter quatre ans plus tard. Il s'agissait de la distraire un peu, ainsi que ses deux enfants. Là, point de cour, point de luxe, point de foule, point de bruit.

Dans un petit salon très modeste, au rez-de-chaussée et dont les deux croisées donnaient sur le jardin, j'avais dressé mon théâtre devant la porte de la salle à manger qui me servait de coulisses.

Mes pantins étaient alignés sur la table où Leurs Altesses allaient prendre tout à l'heure leur repas. Comme auditoire, huit personnes seulement : le prince et la princesse, leurs deux enfants, deux dames d'honneur et le comte Dragonetti avec un autre chambellan.

Il était quatre heures du soir, le ciel était brumeux, des nuages venaient de temps en temps cacher le soleil qui se couchait rougeâtre derrière les Alpes. La villa, située au fond d'un jardin, était éloignée de tout bruit. Pendant une heure, au milieu d'un silence profond, je m'efforçai d'attirer le rire sur les lèvres décolorées de la pauvre femme. Malgré moi, j'avais des distractions; je me disais que mes critiques, mes plaisanteries, devaient avoir pour elle bien peu d'intérêt. Mes jeux de mots devaient faire long feu devant ces étrangers qui comprenaient et parlaient le français comme moi, mais qui ne pouvaient saisir, je le pensais du moins, tout le sel de mes charges parisiennes.

Dans les entr'actes, à peine échangeait-on quelques mots en italien. Du reste, je les avais abrégés le plus possible. On avait fait venir un mauvais piano sur lequel Borghini, mon accompagnateur, jouait les airs les plus gais d'Offenbach, et cette crécelle me semblait lugubre ! J'entendais ma voix, que l'absence de public dans le salon, rendait plus sonore, tomber parfois comme si elle était lasse !

13.

Je ne pouvais me monter assez pour retrouver mon entrain habituel. Au milieu des phrases grotesques ma pensée se reportait à cette révolution d'Espagne, à ce roi forcé d'abdiquer, à cette reine en fuite qui étaient là devant moi, et à cette maladie terrible, cette phtisie fatale qui paralysait le rire sur tous les visages, et quand, pour imiter le violoncelle, je chantais dans mon mirliton, les larmes me venaient aux yeux. Il me semblait jouer dans un tombeau.

Ce supplice dura une heure environ. On n'applaudit pas. Si je n'avais entendu un frôlement de robe, quelques pas discrets, une porte qui se refermait, j'aurais cru avoir joué dans une salle vide.

Tout à coup, je me vis entouré de mes hôtes, le duc d'Aoste, à la figure caractéristique, aux yeux doux et sympathiques apparut d'un côté de mon théâtre; la princesse, belle, pâle, se présenta de l'autre, avec ses deux enfants, et ce fut une conversation charmante. Elle avait beaucoup d'esprit. Quoi qu'elle n'en eût rien témoigné, elle avait compris toutes mes allusions, elle était très parisienne. Elle me parla des marionnettes italiennes, me les décrivit, me les expliqua, s'informa de moi, de mes idées, de mes travaux, puis je lui montrai mes personnages, elle voulut les mettre sur ses doigts, ses enfants riaient; elle... souriait seulement, elle ne pouvait plus rire, et je voyais les yeux du duc d'Aoste qui se fixaient sur ceux de la princesse et qui de temps en temps se reportant sur moi semblaient me remercier du plaisir fugitif que je lui avais donné.

Bien fugitif, en effet, car c'était le dernier, la princesse mourut à l'automne.

Le soir, j'étais de retour à Monte-Carlo. Les nuages avaient disparu, l'air était doux, le ciel criblé d'étoiles, la lune était si brillante que l'on y voyait presque comme en plein jour, et du bout de la terrasse du casino, je me mis à regarder à l'horizon, cette mince ligne noire qui cernait la mer, derrière laquelle se trouvait San Remo, le petit village d'Italie où la reine d'Espagne se mourait.

V

Profils et silhouettes. — Charles Monselet. — Edmond About. — Théodore de Banville. — Louis Bouilhet. — Michelet. — Théophile Gautier. — Alphonse Karr. — Ponsard. — Arsène Houssaye. — Victor Hugo. — Louis Veuillot. — Nadar. — Gustave Mathieu. — Timothée Trimm. — Paul Féval. — Achille Jubinal. — Pierre Dupont. — Rossini. — Jacques Offenbach. — Les frères Lionnet. — Émile de Girardin. — Gustave Courbet. — Émile Ollivier. — Joséphin Soulary. — — Alexandre Dumas fils. — Croizette. — Thiers et Gambetta. — Jules Ferry.

Ainsi que je l'ai dit plus haut, dans les premières années, je fis de la satire et de la critique littéraire sans m'occuper aucunement d'aucun agencement théâtral. Voulant m'écarter des marionnettes ordinaires, j'évitai toute espèce de rapprochement avec le théâtre ; j'affectai même de renfermer ma représentation dans une exhibition plastique soulignée par une critique ou une imitation des célébrités du jour. Je reconnus plus tard que je suivais une fausse route, mais néanmoins, de ces premières soirées, j'ai conservé plusieurs petites pièces, en vers et en prose, pastiches critiques de poètes, épigrammes, madrigaux, que j'appelais tantôt : Profils et silhouettes et tantôt : Masques et visages.

Dans le nombre assez grand de ces improvisations, j'en choisis quelques-unes qui pourront peut-être intéresser le lecteur.

I

CHARLES MONSELET.

Les petites blanchisseuses
Qui s'en vont le samedi,
Aux pratiques paresseuses
Porter le linge, à midi,

Folles qu'un caprice emporte
Loin de leur neigeux baquet,
En passant devant ma porte
Ont oublié mon paquet.

Aussi délaissant ma plume;
A l'heure du rendez-vous,
J'ai dû choisir un costume
Qui résumât tous les goûts :

Nu ! je suis nu ! mais qu'importe
Si les roses du Japon

Ont poussé devant la porte
Où je laisse ma raison !

Qu'importe ? si ma chair rose
De mon style a la fraîcheur ;
Si mon abdomen repose
Sur un nuage enchanteur !

Qu'importe ? si je voltige
Sur les fleurs comme un oiseau,
Butinant de tige en tige
Pour mon article nouveau !

Qu'importe ? je le demande,
Si dans mes doigts grassouillets,
Je balance une guirlande
De boudins noirs et replets...

Oui, je suis nu ! Beau, du reste,
Bien fait, bien dodu, bien gras,
L'œil alerte, la main preste !
Nu ! mais c'est la faute, hélas !

Aux petites blanchisseuses
Qui s'en vont le samedi,
Aux pratiques paresseuses
Porter le linge, à midi.

Parodie des Petites Blanchisseuses, poème badin de Monselet. Je l'avais représenté en amour et tenant dans ses mains un chapelet de boudins.

II

EDMOND ABOUT

Ne me dérangez pas! — Je me suis haut perché
    Pour m'isoler du monde!
Mais, hélas! à Saverne, Hachette a déniché
    Ma puissante faconde!

Laissez-moi vous parler de haut! — Comme il convient
    A tout propriétaire.
Sur des échasses! — Soit! C'est un legs qui me vient
    De mon aïeul Voltaire!

Celui-là, qui fut trop flatté par quelques-uns
    Trop blâmé par les autres,
Eut toujours, comme moi, l'horreur des lieux communs
    Qui trouvent tant d'apôtres!

Ne me cherchez donc pas en détail : dans mon tout
    Vous comprendrez ma veine;
GUILLERY méconnu n'empêcha pas ABOUT
    De produire GERMAINE.

Jamais GAETANA ne flétrit MADELON;
    TOLLA, vivante encore,
Empêche le railleur de toucher du talon
    LE PROGRÈS... qu'il ignore!

Ma réputation, par mes essais nombreux
    Est loin d'être opprimée ;
Je draine ! Et j'eus hier, pisciculteur heureux,
    Une truite primée.

Bien ! mais redescendez sur la terre; entre nous
    Désormais plus d'espaces !
Sur terre on vous voit grand ! Les homme comme vous
    N'ont pas besoin d'échasses !

AUTRE.

LE PROGRÈS. — CHAPITRE DU BUDGET.

Air *de Fualdès.*

Écoutez, peuple de France,
Et vous peuple du Thibet,
Comme j'entends le budget...
C'est moins abstrait qu'on ne pense ;
Dans mon livre *le Progrès*
Ce chapitre a du succès.

        Mettons une somme ronde,
Soit   Dix-sept cent cinquante francs,
1750 fr. Qu'on doit jeter tous les ans,
        Sur la surface du monde...
        Vous trouvez que c'est beaucoup !
        Eh bien ! ce n'est rien du tout.

	FR.	C.
Sur cett' somme colossale		
Le roi ne touch' qu'un louis;	20	»
Trent' sous chassent les ennuis	1	50
De la famille royale;		
Pour jouer avec les moutards		
Le dauphin n'a que deux liards.		02
Vingt sous pour la gargotière;	1	»
Trente-deux pour le loyer;	1	60
Pour arriver à payer		
L'épicier et la fruitière,		
Mettons dix sous tout au plus :	»	50
Et six liards pour l'Institut!	»	07
Pour encourager les vices		
Cocotte et corps de ballet		
Seize cents francs, s'il vous plaît,	1600	»
Sans compter les écrevisses		
Les bouquets et les cadeaux!		
Deux sous pour les porteurs d'eau.	»	10
Soit quatre-vingt-six centimes	»	86
Pour payer un petit banc;		
Quinz' centimes seulement	»	15
Pour des besoins légitimes!... (oh!)		
Et maintenant il nous faut		
Quatre sous pour le bourreau.	»	20

N'oublions pas les pourboires
Des cafés et restaurants;

Pour les deux, mettons trois francs	3	»
Vingt sous, pour payer nos gloires ;	1	»
Et quand on est enterré,		
Cent vingt francs pour le curé.	120	»
1750 fr. Chiffre égal....	1750	»

Edmond About arrivait perché sur des échasses, les *Échasses de Maître Pierre*, roman agronomique qui eut un certain succès dans le temps. La première pièce de vers (avril 1864) passe en revue ses œuvres applaudies ou repoussées, comme *Guillery* et *Gaetana*. La *Truite primée* est historique. La chanson patoisée est la traduction macaronique du chapitre du budget dans son livre *le Progrès*.

III

THÉODORE DE BANVILLE

LES PARISIENNES DE PARIS.

VALENTINE, LE CŒUR DE MARBRE

(*Figaro*, 22 juillet 1855.)

Partout où l'on entend le nom de cette femme,
Sous les panneaux sculptés ou sous les plafonds blancs!
Un essaim vaporeux de souvenirs troublants
       S'éveille et brame!

On dirait des démons qui fouetteraient l'éther
Avec les noirs arceaux de leurs ailes crochues...
— Cependant que d'amants les troupes accourues
Boivent ces souvenirs, pensant tuer le ver!

Car Valentine avait toujours une partie
Dans ces duos d'amour dévirginisateurs!
Il n'est pas une coupe ou vidée ou remplie,
Dans laquelle elle n'ait trempé ses crins pleureurs

L'agonie auprès d'elle ébauche des sourires;
Le râle des mourants lui dit : Ma sœur! (Farceur!)
Car elle a nom Démence, et Luxure, et Délires !
(Noms de guerre charmants, ma parole d'honneur!)

Ah! les baisers nombreux qui de ses longs doigts roses
Ont à peine effilé le délicat contour,
Auraient depuis longtemps usé le granit rose
Des degrés des palais de nos puissants du jour!

Vous connaissez Marco ? — Ce n'est qu'une flâneuse
Auprès de Valentine! — Elle a plus absorbé
De Raphaëls que les soldats de Sambre-et-Meuse
N'ont usé de souliers! — Elle a plus enjambé

Dans ses amours maudits, que ces grands diables d'anges
Qui planent sur les champs de bataille, le soir...
Et ses amants usés sont comme ces oranges
Que jadis mordillait Marco dans son boudoir.

         Etc., etc.

AUTRE

Air *des Landriry*.

Voici donc l'hiver revenu
Avec le plaisir inconnu,
   Landrirette,
Avec l'amour qui l'est aussi,
  Landriry.

On va chanter, on va danser;
Mon Dieu! que l'on va s'amuser!
   Landrirette,
Sans sa femme ou sans son mari,
  Landriry.

Les théâtres vont se remplir,
Les amours feront reverdir,
   Landrirette,
Les cœurs que l'automne a jaunis,
  Landriry.

La nuit, au bal de l'Opéra,
Sous le masque on intriguera,
   •Landrirette.
Le loup tombe... et l'intrigue aussi,
  Landriry.

Chantons Éros et les Amours.
Tâchons de n'être pas toujours,
   Landrirette,
Interrompu par de Boissy,
   Landriry.

Ah! le bon temps! le bel hiver!
Que le foyer est chaud et clair!
   Landrirette!
Ton cœur l'est-il? — réponds, Mimi,
   Landriry.

Et j'aime mieux chanter cela
Que de dire du mal de la
   Landrirette,
Ou tuer en duel mon ami
   Landriry.

Théodore de Banville se présentait sous le costume d'Orphée, la lyre à la main et le front ceint de lauriers. La première pièce de vers est une parodie d'une nouvelle en prose publiée par lui dans le *Figaro* du 22 juillet 1855, intitulée *Valentine, le cœur de marbre* et qui fait partie d'une série intitulée : *les Parisiennes de Paris;* la seconde, la parodie d'une de ses odes funambulesques portant le même titre.

IV

LOUIS BOUILHET

LES CRITIQUES AUX ÉTOILES.

Comme ils n'avaient pas dîné,
Tous ces conteurs de sornettes,
Et qu'ils avaient déjeuné
En regardant leurs assiettes,

Assez maussades, le soir,
Dans le temple où dort Molière,
On les vit venir s'asseoir
Dans un fauteuil de première.

Ils caressaient mollement
Leur menton sec et livide,
Et leurs doigts nonchalamment
Percutaient leur ventre vide.

Soudain l'orchestre pleura ;
Et le grand rideau rougeâtre,
Que Ciceri décora,
Leur découvrit le théâtre.

Puis des vers mélodieux
Voulurent charmer leur veille...
Quand on a le ventre creux
Hélas! on n'a pas d'oreille!

Le poète leur disait :
« Amis ! j'ôte tous les voiles,
Voyez, l'or de Bénazet,
Vaut-il l'or de mes Étoiles ?

» Ces vers que j'ai ciselés
Avec art, sous les grands hêtres
Pour vous je les ai coulés
   ans le moule des grands maîtres !

» Ils sont astres, n'est-ce pas ?
Public, banquier des poètes
Escompte-moi ces ducats,
Leurs moulures sont parfaites !

» Et toi, critique si fier,
Fort peu payé, — sans reproche, —
Prends-les, afin d'avoir l'air
De porter le ciel en poche ! »

A Biéville il s'adressa :
« Prends cet astre et sois aimable !
— Mon cher ami, garde ça.
Ton vers n'est pas escomptable ! »

Sur le seuil du *Figaro*
Il fit briller sa pécune :
« Ah ! répondit Jean Rousseau,
Ton soleil n'est qu'une lune ! »

A *l'Opinion* où l'on sait
Qu'on fait de bonnes critiques...
— « Ah! lui répondit Sarcey,
Tes drames sont trop étiques! »

Il rentra le lendemain,
Dans sa chambre solitaire,
Triste, et froissant dans sa main,
Un compte rendu vulgaire.

Puis le sommeil l'a surpris...
Et du milieu de ses songes,
Il vit sortir *Melœnis*,
Le poème aux doux mensonges!

Dors, poète! Vainement
On caresse les critiques!
Dors, ô divin mendiant,
Sur tes odes poétiques;

Quelque jour, les directeurs
Verront, si Dieu les y porte,
Des soleils intérieurs
Luire aux fentes de ta porte,

Et leurs mains, que Dieu conduit,
La brisant avec puissance,
Feront de l'humble réduit,
Jaillir un succès immense!

(Parodie de la pièce de vers intitulée: *le Poète aux Étoiles*.)

V

MICHELET

En costume de carnaval
   Nautique,
Bien qu'on ne donne pas un bal,
J'arrive et ris de la critique
   Pas mal !

Tous les ans, costume nouveau
   Me pare :
C'est *l'Insecte* ou bien c'est *l'Oiseau* !
La Femme quelquefois m'égare....
   Bravo !

Car la femme est assurément
   Sorcière :
Elle m'enchante constamment !
J'en suis, — qu'elle en soit humble ou fière —
   L'amant !

En tous lieux, je ferai tout pour
   La suivre !
Vous vous souvenez qu'un beau jour
En son honneur je fis ce livre :
   L'Amour !

Michelet se présentait sous trois costumes différents qui suivant l'énumération de ses œuvres changeaient à vue devant le spectateur. — D'abord en Dieu marin allusion à son livre : *la Mer*. — Puis en sorcière *la Sorcière* puis enfin en Amour, *l'Amour*. C'étaient des cartons peints qui ménageaient la figure et se rabattaient tour à tour.

VI

THÉOPHILE GAUTIER

CAMÉE.

Je ne suis pas la Muse sage,
Aux blonds cheveux, à l'air tremblant,
Qui sous sa robe sans corsage,
Cache un sein plus que le mien blanc ;

Non ! je suis la folle arabesque,
Guivre qui tourne au moindre vent,
Tantôt belle et tantôt grotesque,
Huître grise ou corail ardent !

Tantôt, sous des plis granitiques,
Je dresse mon beau profil grec,
Et prends tantôt les traits étiques
Et l'air hébété d'un Aztec !

De visions et de fantômes
J'ai l'esprit obstrué toujours,
Tous mes créanciers sont des gnomes
Et mes maîtresses des amours !

J'aime à changer l'ordre des choses,
Ce que l'on pense est trop commun :
Les blonds cheveux, je les fais roses,
Et dis que plusieurs ne font qu'un.

J'ai fait parler un monolithe[1] !
Paradoxal à l'infini,
J'ai comparé l'hermaphrodite
A l'organe de l'Alboni[2] !

J'ai fait la bizarre entreprise
D'être un nouveau Paganini,
Et le carnaval de Venise
Dans mes strophes s'est rajeuni[3].

J'ai fait de blanches symphonies[4],
Des toiles en alexandrins,
Des gouaches en harmonies,
Des aquarelles en refrains[5].

Bah ! tout se dit en poésie !
Que ne verrez-vous pas encor !
J'ai trouvé la mort dans la vie
Et l'existence dans la mort[6] !

1. Nostalgies d'obélisques (*Emaux et Camées*).
2. Contralto (*Id.*)
3. Variations sur le *Carnaval de Venise* (*Id.*).
4. Symphonies en blanc majeur (*Id.*).
5. Intérieurs, paysages, tableaux, etc. (*Id. Poésies complètes.*)
6. La Mort dans la Vie, — la Vie dans la Mort, poèmes (*Id.*).

Du théâtre enjambant les planches
Couvert d'un tricorne enchanté,
J'ai retrouvé les robes blanches
Du bon Pierrot ressuscité[1]!...

Maintenant calme, sans envie,
Je vis comme les vieux pachas;
Trois amours emplissent ma vie :
Mes enfants, ma muse, mes chats !

Théophile Gautier se présentait en sultan assis dans une litière et fumant sa cigarette. Il était porté par quatre chats.

VII

ALPHONSE KARR

BOUQUET PASTICHE

C'est la guêpe qui parle.

O fleurs que j'aime tant! tulipes diaprées,
Cactus aux rouges fleurs de piquants entourées,
Larges soleils, petits asters, myosotis,
Camélias, rosiers du Bengale sortis,
Anémones, dahlias, clématites, jacinthes,

---

1. *Le Tricorne enchanté.* — *Pierrot posthume.* (Théâtre de poche.)

Gobéas, lis dorés, amères coloquintes,
Pâquerettes, lilas, campanules, bluets,
Violettes, crocus, balsamines, œuillets,
Vous toutes, chères fleurs, roses, jaunes ou blanches,
Nourrissez-moi, je suis la guêpe des dimanches.
Vous me reconnaissez sans aucun doute, car
Mon maître est votre ami, — j'ai dit : Alphonse Karr !
Vous venez de le voir, vous arrivez de Nice !
Mais j'y songe ! qui sait si par quelqu'artifice
Il ne s'est pas caché dans vos calices d'or?
O tulipe ! voyons, livre-moi ton trésor?

(La tulipe s'entr'ouvre.)

Tu le caches aussi peut-être, belle rose?

(La rose s'entr'ouvre.)

Et vous, marbres vivants sur lesquels je me pose,
Camélias, voyons, bien vite... écartez-vous !

(Les camélias s'entr'ouvrent.)

Karr pouvait-il choisir un oreiller plus doux !
Il est dans vous ! c'est lui votre hôte et votre maître.
S'il vous donne la mort, il vous donne aussi l'être
Et ce soir, disposant de votre liberté,
Il veut que vous pariez le sein de la beauté.
Allez donc ! parfumez, charmez, fleurs enivrantes ;
Moi, je m'envole et vais consoler les absentes !

Une corbeille de fleurs tenant presque la largeur du théâtre apparaissait sur la scène. Une guêpe voltigeait alors sur les fleurs en disant les vers ci-dessus. Des fleurs où elle se posait, un pétale se détachait et laissait voir la figure d'Alphonse Karr.

VIII

PONSARD

TRAGÉDIE BOURGEOISE

Je suis le dieu Ponsard aux tragiques colères
Dont on ne pleure plus et que l'on ne craint guères.
Or, je vais vous parler des Grecs et des Romains.
Donc, *Plaudite cives!* ou bien battez des mains!
Mon genre, c'est celui de notre vieux Corneille!
Mais, ainsi que l'on voit l'industrieuse abeille
Faire un miel des plus doux avec le suc des fleurs,
De même, de Corneille empruntant les couleurs,
Je peins la Rome antique et sa rude noblesse
En vers rudes autant que rude était Lucrèce!
Racine me déplait par ses vers doucereux;
Pour moi, j'aime un vers lourd, qui se traîne, glaireux;
Et pour mieux l'ajuster, *je vais puiser dans l'urne*
L'huile qui doit brûler dans la lampe nocturne,
Les heures du repos viendront un peu plus tard,

La nuit n'a pas encor fourni son premier quart [1],
C'est dans ces longues nuits, exemptes de mollesse,
Que jadis j'écrivis mon chef-d'œuvre : LUCRÈCE,
AGNÈS DE MÉRANIE et CHARLOTTE CORDAY,
Ces drames palpitants que le siècle attendait !
Plus tard... — Pardonne-moi, divin chantre d'Achilles,
Homère ! si j'ai pris une de tes deux filles [2]
Pour la parodier au Théâtre-Français,
C'est aux chœurs des PORCHERS que je dus mon succès ! —
Je peignis les bourgeois, leurs mœurs, leur caractère,
L'artiste, les amis du riche, le notaire...
Et fus dans ce travail assez intelligent,
Pour qu'il me produisît et L'HONNEUR ET L'ARGENT !
Mais depuis !... mon talent remonta vers sa source...
On en a vu le fond... dans le fond de ma BOURSE !
Mon Dieu, que voulez-vous ? La Muse, chez les uns,
Fait hors du droit chemin des bonds inopportuns ;
De la mienne on dira comme de la Romaine :
« *Elle vécut chez elle et fila de la laine* [3]. »
Chacun son lot : Dumas fait cent romans par jour,
Tandis que moi, morbleu ! mon génie est trop court [4] !

1. *Lucrèce*, acte Ier, scène Ire.
2. *Ulysse*, tragédie avec chœurs, musique de Gounod.
3. Vers de *Lucrèce*.
4. Vers de *l'Honneur et l'Argent*. — *Le Lion amoureux* n'avait pas encore été joué.

IX

ARSÈNE HOUSSAYE

SENTIER PERDU

Fille d'esprit, quoiqu'un peu gauche,
Je suis la poétique ébauche :
Chez moi, rien n'est vraiment complet ;
Sentier perdu de poésie,
C'est toi que mon âme a choisie
Pour s'y reposer en secret.

Là, du *Cantique des cantiques*
Ou bien des *Poèmes antiques*
J'aligne les vers deux à deux ;
Ou bien, ô *Cécile*, ô *Sylvie*,
J'adresse sur l'herbe fleurie
Mille fadeurs à vos beaux yeux !

Je reviens, et de ma fenêtre
J'écris quelques vers dont, peut-être,
Un beau jour je prendrai le deuil ;
Puis, songeant à l'Académie,
Je trace la biographie
Du *quarante-unième fauteuil !*

Petits vers, poèmes antiques,
Romans, études historiques,

Quoique incomplets, tous applaudis,
Quel est le nom que vous me faites?
Suis-je le dandy des poètes,
Ou le poète des dandys?

Arsène Houssaye se présentait vêtu en berger Watteau.

X

VICTOR HUGO

I

ODES

Bon appétit, messieurs! Aimez-vous le poison,
Les trappes, les poignards, voleurs dans la cloison,
Bandits, burgraves, courtisanes?
C'est moi, Victor Hugo, qui vais vous en servir!
Moi, qui chantais jadis les combats de l'Émir
Et les cous voilés des sultanes!

J'aime à faire pâmer d'effroi, les soirs d'hiver,
Ou la marquise brune ou bien son chasseur vert
Qui domine la galerie;
J'aime l'accolement du laid avec le beau,
Du noir avec le blanc, de la flamme avec l'eau,
Et de la mort avec la vie!

Oh! raillez! raillez-moi! vos injures s'en vont
Maculer mes souliers sans monter à mon front
  Si vaste que c'est tout un monde!
Je suis le chef d'école et non pas l'écolier
Suivant son professeur dans le boueux sentier.
  Où croupit le classique immonde!

II

DRAMES

Regardez! — celui-là, c'est Ruy-Blas, le valet
Né pauvre, qu'un beau jour un grand seigneur a fait
Riche! — et que le génie a fait grand et sublime!
Voici dame Lucrèce, un démon! c'est le crime
Fait femme! A ses côtés, monsieur le podesta
Angelo veut tuer dame Catarina!
Voici Le roi s'amuse et Marion Delorme!
L'un toujours escorté d'un petit nain difforme,
Appelé Triboulet; et l'autre se traînant
Aux pieds de Richelieu, le ministre sanglant!
La Tudor! — Le cœur des femmes est plein de laves!
Remarquez bien ceux-ci, car ce sont mes Burgraves!!

Eh bien, classiques froids, regardez mes enfants!
Applaudis ou sifflés, ils sont tous triomphants
  Devant l'avenir leur seul juge!
Corneille est leur aïeul, Shakespeare leur parrain;
Et je les ai conçus sur un si haut terrain
  Qu'il eût dominé le Déluge!

III

CONTEMPLATIONS

Tous ces héros de ma pensée
M'ont dit alors : Repose-toi !
Ta terre est bien ensemencée,
Ta moisson germera pressée
Dans le cœur des hommes de foi !

Ainsi, dans la lande stérile,
Laboureur, plein de volonté,
Tu te dis : Je rendrai fertile,
Cette plaine où l'herbe inutile
Jaunit sous les feux de l'été ;

Et défrichant avec la houe
Le sol rebelle à ton labeur,
Ta volonté de fer se joue
De la terre aride et la troue
Pour y semer un blé vainqueur !

Puis un jour, au bout de la lande
S'arrête un passant affamé
Qui, voyant ta moisson si grande,
A chacun aussitôt demande :
Quel est ce blé ! qui l'a semé ?

Oublieux! — Demande à l'Étoile,
Au Bosphore aux reflets luisants,
A Celle qui leva son voile,
A l'insecte à la fine toile ;
A l'ortie aux baisers cuisants !

Demande aux bluets de la plaine,
Aux arbres, aux fruits du verger,
Au Sultan à la peau d'ébène,
Demande encore à Madeleine,
Qu'adorait le comte Roger !

Demande à toutes les pensées,
A tous les cœurs demande encor.
Qui, dans ces plaines délaissées,
Au lieu de ronces enlacées,
Fit germer ces beaux épis d'or ?

Tous te diront : c'est le poète !
Ainsi l'ignorant, en tout lieu,
Demande qui fit la tempête
Et l'astre qui luit sur sa tête,
Et chacun lui répond : C'est Dieu !

IV

LÉGENDE DES SIÈCLES

Oh ! l'éblouissement splendide et ténébreux,
L'épanouissement des monstres vigoureux

Qui, dans l'effluve amère, agitent leurs membranes !
On entend sous les flots s'entre-choquer les crânes !
O vie ! ardeur ! amour ! harmonie ! ô ciel bleu !
O profondeur de l'âme ! ô cratère de feu !
O chaleur ! ô semence errant dans l'altitude !
Isolement grave au sein de la multitude !
O nature ! Toute ombre a le jour pour envers !
... Il faisait cette nuit bien froid au fond des mers !

V

LES MISÉRABLES

C'est alors que Jean Valjean dit à Cosette :

— Si tu veux, *dévidons le jars*[1] pour n'être pas compris par nos *larbins*[2].

L'adorable enfant répondit :

— *Ça me botte*[3], mais voilà la *sorgue*[4] qui arrive... *baladons*-nous[5] dans le jardin et, quoique j'aie les *trottines feuilletées*[6], j'aime à jaboter avec toi, mon père.

---

1. *Dévider le jars*, parler argot.
2. *Larbins*, domestiques.
3. *Ça me botte*, ça me va.
4. *La sorgue*, la nuit.
5. *Se balader*, se promener.
6. *Trottines feuilletées*, souliers percés.

— Ah! répondit Jean Valjean, laisse-moi te regarder encore avant d'*épouser la veuve*[1]!

Ils sortirent et l'ombre devint lumière, et tout ce qui était bon dans la nature : la vipère, le crapaud, le ver de terre, rampèrent sur les orties du chemin et léchèrent la trace de leurs pas.

VI

ŒUVRES PHILOSOPHIQUES

Ceci est l'ombre! cela est la clarté! — Dans la clarté, il y a plus que la clarté, il y a l'éblouissement. L'éblouissement est tout! Tout ou rien! Les peuples veulent tout. Rien est à eux! eux c'est l'ombre! — Pendant tout ce temps, le siècle marche! Les royaumes ont des frontières, comme tout ce qui est limité. Sur les frontières, se tiennent des hommes. Hommes robustes, ils s'emparent des malles, hommes-lynx, ils voient ce qu'elles contiennent, hommes-larrons, ils saisissent les objets.... Ce sont des douaniers! — L'idée est d'un côté de la frontière. L'idée est aussi de l'autre côté.

— Mais d'un côté, l'idée se fait livre, tandis que de l'autre côté l'idée se fait œil, l'homme est au milieu. C'est alors que tout à coup, l'homme saisit le livre et bouche l'œil!

1. *Epouser la veuve*, mourir.

Ceci est le commencement de toutes les révolutions !

XI

LOUIS VEUILLOT

PRIÈRE

I

Veuille, o Seigneur, exaucer ma prière !
Veuille, o mon Dieu, condamner Béranger,
Et veuille aussi ressusciter Voltaire
Pour que je puisse à la fin l'égorger !
Si vous voulez, mon Dieu ce sera fait !
Pour les besoins du culte, s'il vous plait !

II

Veuille, o Renan ! entonner des cantiques
Pour célébrer le divin fils de Dieu !
Et veuille, o Dieu ! souffrir qu'à coups de triques,
Les faux croyants soient chassés du saint lieu !
Si vous voulez, mon Dieu ! ce sera fait !
Pour les besoins du culte, s'il vous plait !

III

C'est moi qui suis le SUISSE DE L'ÉGLISE!
Chassant les chiens, arrêtant les filous;
VEUILLE, o Dieu! que mon zèle les conduise
Sans dire amen seulement près de vous!
Si vous voulez, mon Dieu, ce sera fait!
Pour les besoins du culte, s'il vous plaît!

Bien entendu Louis Veuillot avait le costume des suisses d'église.

XII

NADAR

BIOGRAPHIE

Pour bien vivre, il faut travailler.
Menons une existence large;
Tout en *bûchant* à l'atelier.
  A moi la Charge!

Mes souvenirs heurtent mon front,
Je pourrais en faire un volume.
Tant pis pour les gens qui riront!...
  A moi la Plume!

Mais l'éditeur devient rétif
Au lieu de lui donner *la claque*,
Emparons-nous d'un objectif...
　　A moi la Plaque!

Maintenant, faisons des jaloux,
Et devant la foule accourue
Dans un ballon envolons-nous...
　　A moi la Nue!

Mais quoi!... Tout croule en un instant?
Non pas! — Dieu me sera propice!
Relevons-nous! Et maintenant
　　A moi l'Hélice!

De tout cela c'est la plaque qui est restée la plus solide. Un grand enfant, Nadar, un bon garçon! Trop bon garçon, trop grand enfant... Maintenant, dernière incarnation, il est rentier! Tout arrive!

XIII

GUSTAVE MATHIEU

DE LA NIÈVRE

Du champagne! Des vers! et des astres! Du champagne jeune! des vers vieux et des astres brillants! Buvez l'un, admirez les autres, je vais

vous réciter des vers. — La poésie, c'est l'avenir !
Quand j'étais jeune, je disais : La poésie c'est le
passé ! Cela prouve que la poésie est éternelle !

PAGE DÉTACHÉE DE L'ALBUM D'UNE DAME

BALLADE

Cettuy matin, me pourmenant au bois
Où d'aultres fois, ardois en ta présence,
Je me disois : « Hélas ! je le cognois
« Le mal causé par cruelle oublyance ! »

Les arbres secqs, d'un air mélancholique
Dodelinoient de leur chief dépouillé ;
Du renouveau la verdastre tunique
Ores n'avoit prez et champs habillé.

Les merles noirs, las ! se mocquoient de moy
Doulcettement, — icy je doibts le dire, —
Ains les pinsons estoient tout en esmoy
En m'escoutant despeindre mon martyre.

Un vieil hibou, qui m'avait recogneu
Claqua du bec en me voyant paroistre :
Clac ! clac ! fist-il, veulx-tu bien disparoistre !
« Hou ! hou ! leu, leu ! clac ! clac ! hou ! hou ! leu, leu ! »

ENVOY

Si donc voulez, belle, que le hibou
Demeure coi meshuy dedans son trou ;
Si voulez veoir merles sans mocquerie,
Et doulx pinsons baller joyeusement ;
Si voulez veoir Nature reflorie ;
Revenez, belle, auprès de vostre amant[1] !

C'était un type bien curieux que Gustave Mathieu ! A la fois marchand de vin et poète, plutôt braconnier que chasseur, tantôt sobre, tantôt gourmet, ami des belles, ni citadin, ni campagnard, adorant la langue du xvie siècle et la parlant au xixe, ni pauvre ni riche, bohême et propriétaire et enfin disant les vers, les siens surtout, comme aucun professeur ni comédien ne saurait le faire.

XIV

TIMOTHÉE TRIMM (*Léo Lespès*)

A MES BONS LECTEURS

Paris, le..

Chers lecteurs ! (*A la ligne.*)

---

[1] Pastiche des ballades du xvie siècle.
[2] A chaque alinéa, je disais : *A la ligne!* Pour la clarté du

Je ne suis pas précisément le commun des martyrs!

Je suis un grand homme!

Pas de taille, car je suis gros!

Pas de talent, car je suis modeste!

Mais c'est moi

Qui ai su mettre la réclame à la portée de tout le monde,

L'histoire à la portée des ignorants,

La littérature à la portée des illettrés,

La musique à la portée des sourds,

La banalité à la portée de tout le monde!

Je suis l'Homère des foules!

Je suis l'homme inépuisable comme la bouteille de Robert Houdin!

Je crée les célébrités!

J'ai fait Thérésa.

Demain je ferai une autre étoile.

Je suis un peu le bon Dieu dans mon *Petit Journal*.

J'y fais la pluie et le beau temps!

Comme Mathieu de la Drôme!

Eh bien, chers lecteurs!

Et en vous disant ceci,

J'y vais de ma larme!

Ce journal,

Ces abonnés,

---

texte, je crois inutile de répéter cette indication à chaque membre de phrase.

Ces sympathies,
Ces encouragements,
J'aime tout cela,
Parce que cela me rappelle ma mère!

TIMOTHÉE TRIMM[1].

Timothée Trimm! Léo Lespès! *Les yeux verts de la Morgue!* La chronique quotidienne du *Petit Journal!* La célébrité, la renommée, le pouf, la réclame!...

Comme tout cela est loin maintenant!

Je le représentais étalant dans un cabriolet son gros corps orné d'un gilet mirobolant où ruisselait une chaîne d'or encore plus mirobolante.

XV

PAUL FÉVAL

RONDE BRETONNE

I

Dans le pays des blondes fées,
Des gnomes et des korigans,
Près des dolmens extravagants

---

[1] AVIS AU LECTEUR. — Ne pas lire cet article en observant la ponctuation, — on risquerait d'avoir le hoquet.

Où les fleurs d'or sont agrafées,
Féval est né, l'on sait cela!
  O gué! lan la!

II

C'est un conteur d'historiettes;
Il débuta très brillamment :
Les Chevaliers du Firmament
Lui firent faire des recettes.
Le bon romancier que voilà!
  O gué! lan la!

III

Ce n'est pas un chantre vulgaire,
Il a le style, il a le cœur,
Il a le sourire moqueur,
Mais il est bon, car il est père!
Il en est peu comme cela!
  O gué! lan la!

IV

Les lettrés l'ont mis à leur tête
Et de fait, c'est un entêté!...
Voici le portrait non flatté
De Féval, prosateur-poète!
Aucun ne me démentira!
  O gué! lan la!

Vêtu en gars breton et riant de son bon rire.

XVI

ACHILLE JUBINAL

PETITE REVUE DE LA CHAMBRE

Air : *Final de Renaudin.*

Je vais écrire à mon journal
Une chronique intéressante
Sous cette rubrique plaisante :
La satire de *Jubinal*.

A la Chambre l'on se prépare
A discuter notre budget,
Et plus d'un, sans nous dire : Gare !
Offrira son petit projet.

Je vois *Auguste Chevalier*,
Lequel est un libre échangiste,
Attaquer le protectionniste
Qu'on appelle *Pouyer-Quertier*.

Puis voici *Morin* (de la Drôme)
Aux cheveux proprement lissés,
De loin l'on dit : C'est un jeune homme
De trente ans... de trente ans passés !

Il voudra retrancher bientôt
Tous les crédits supplémentaires,
Ses vœux, du reste, sont sincères.
Car il rogne son paletot!

De peu de voix, mais non pas bègue,
Voici *M. de Beauverger*.
Thiers lui dit : Mon jeune collègue!
D'âge, peut-être, il veut changer!

Je vois l'ex-ministre *Buffet*
Qu'il est utile à la buvette!
Darimon, à la blonde tête,
Lisant un discours sans effet.

Hénon, songeant à la nature,
Par malheur n'a jamais raison.
S'il interroge, — l'on m'assure
Qu'on lui dit toujours : *Oui! Hénon!*

Voici *Conseil* et *Pagézy*
Qui discutent sur les liquides,
Ils sont tous les deux intrépides.
L'esprit les garde, Dieu merci!

Plus loin, le marquis *d'Andelarre*
Fait vibrer rondement les R,
Et *Belmontet* qui se prépare
A parler sur le Pape, en vers!

Ici, j'éprouve le besoin
D'interrompre ma causerie,
Suivant la coutume chérie
Par l'interrupteur *Glais-Bizoin*.

Pardonnez-moi, je le répète
Ces folles indiscrétions;
Ce sont des propos de buvette
Sans mauvaises intentions.

Je les envoie à mon journal,
Cela l'amuse et le contente,
Sous cette rubrique innocente :
La satire de *Jubinal*.

Qui se souvient aujourd'hui d'Achille Jubinal et de la Chambre de 1864?

XVII

PIERRE DUPONT

CHANSON

I

Je ne suis pas la chansonnette,
Bergère aux souliers de satin,

Aux cheveux blonds sous la cornette,
Teint rose, peau blanche, œil mutin ;
Celle-là, c'était une actrice !
Pour moi, j'ai nom Réalité,
Et la nature est ma complice,
Si mon vers est empreint de sa rusticité.

II

Je peins LES BŒUFS et la charrue
Comme à la ferme je les vis ;
MON ANE a la mine bourrue
Des bourriquets de mon pays ;
Finaud mon chien, est laid peut-être,
Mais c'est bien LE CHIEN DE BERGER,
Plus fin que le garde champêtre
Qui dort pendant qu'auprès on pille son verger !

III

Je suis la chanson réaliste
Qu'on peut chanter à l'atelier ;
Alors que le travail rend triste.
Chante-la, toi, brave ouvrier !
Je chante ton pain, ta besogne,
Ta forge aux feux étincelants..,
Et quand tu la chanteras, cogne
De ton marteau de fer les métaux rutilants !

IV

Paysans, soldats, femmes, filles,
Chantez, chantez mes gais refrains.
Dans vos rondes, dans vos quadrilles,
En les disant, pressez vos mains!
Je suis la chanson populaire
Qui n'entre pas dans le boudoir!...
... Poète, je te crois sincère,
Car tu chantes l'Amour, le Progrès et l'Espoir!

XVIII

ROSSINI

Signora, Signori! Passante davante il versta casa, z'ai crou qu'il était del mio devoir, de vi présenter la chicoranza dello mio profondo respetto, della mia profonda conzideratione e dello mio servitto!

Vi mi demanderez pit-être qui ce que ze zouis?
Il est impossibile de vous le dire.
Ze zouis oune cuisinier famou! qu'il s'est élevé al soupremo degré del arte culinario et qu'il avait trovato la maniera di facere il macaroni di amore!

Il tempo di passare la vesta et di prendare la casserola et ze continoue (*changement*).

Per facere il buono macaroni del arte, vi prendare oune poco di *Tancredi*, avec oune poco d'*Italiana in Algeri*, d'*il Barbiere*, et de *Cenerentola ;* ajoutez oune onza seulamento de *Gazza Ladra*, d'*Armida* e d'*Otello* ; oune scrupule de *Mose in Egitto*, oune soupçonne d'ella *Donna del Lago*, oune parcella di *Matilde di Sabran*, oune ombra di *Semiramide*, il tutto saupoudrato de *Guillaume Tell* éviferez oune macaroni essellento !

Très bien, masëtro ! Mais, à ce ragout-là, il ne manque qu'une chose que nous vous donnons tous avec enthousiasme : Le laurier !

Rossini arrivait vêtu de son costume habituel. Au moment où il disait : — *Il tempo di passare la vesta et di prendare la casserola et ze continue*, il se transformait en cuisinier tenant à la main une casserole pleine de macaroni.

A la fin de sa tirade, j'élevais sur sa tête une couronne de laurier.

XIX

JACQUES OFFENBACH

HYMNE

Le siècle est rempli de grands hommes,
De héros et de demi-dieux ;
Ceux qui disent qu'il se fait vieux,
Sont assurément des Prudhommes,
Des gens qui n'ont pas d'estomac !
... De ces héros, le plus sublime
C'est Lui ! Le Demi-Dieu ! La Cime... :
Offenbach !.. qui s'avance... Bach !

Front vaste et long, œil plein de flamme,
Nez pointu, courbé comme un arc,
Sa main, ainsi que Jeanne d'Arc
De la Gaîté tient l'oriflamme !
Sa barbe, couleur de tabac,
S'allonge en longues côtelettes ;
J'allais oublier les lunettes
D'Offenbach !... qui s'avance... Bach !

Il fait sortir de léthargie,
Dans ce temps plein d'impiété
Qui raille la divinité,
Les dieux de la Mythologie ;

Et le public ab hoc, ab hac,
Se précipite dans son temple;
Mais c'est à prix d'or qu'il contemple
Offenbach!... qui s'avance... Bach!

Offenbach!... O nom fatidique!
Est le Wagner des vieux pont-neufs!
Les vaudevilles étaient veufs
De productions mélodiques;
Il en a tiré de son sac;
Et, d'un seul coup de sa baguette,
Il a fait naître l'opérette,
Offenbach!... qui s'avance... Bach?

Le café passera peut-être,
Ainsi que la poudre de riz;
Et le vasistas à Paris
Pourra remplacer la fenêtre[1];
Halévy, Crémieux et Meilhac
N'auront plus qu'un nom dérisoire...
Mais qui pourra ternir la gloire
D'Offenbach!... qui s'avance... Bach!

Je n'ai pas toujours fait parler Offenbach. Il est plus connu dans mes Pupazzi par le solo de violoncelle que je lui faisais jouer.

[1] Allusion à Ledru-Rollin qui venait d'être nommé à la Chambre.

XX

LES FRÈRES LIONNET

(Parodie des *Prunes* d'Alphonse Daudet).

I

A toi Anatole !

Si vous voulez savoir comment
Le soir nous récitons *Les Prunes*,
Écoutez-nous bien seulement
Si vous voulez savoir comment :
Daudet, ce poète charmant
Et poète à bonnes fortunes
Est le seul qui sache comment
Le soir nous récitons *Les Prunes* !

II

A toi Hippolyte !

Mon frère avait assez de voix,
Et moi, j'imitais les comiques ;
Nous chantions tous deux à la fois.
Mon frère avait assez de voix !
Chez les seigneurs, chez les bourgeois
On nous trouva très sympathiques,
Mon frère avait assez de voix,
Et moi, j'imitais les comiques !

III

A toi Anatole !

Notre chemin se fit ainsi,
Choyés, tous deux, par le caprice !
Ayant le *sol* et lui le *si*
Notre chemin se fit ainsi.
Nous n'eûmes de réel souci
Qu'à l'époque de la milice :
Notre chemin se fit ainsi
Choyés, tous deux, par le caprice !

IV

A toi Hippolyte.

Eh oui, messieurs, voici comment
Le soir nous récitons *Les Prunes* !
Daudet en est reconnaissant,
Et voulez-vous savoir comment ?
Nous les disons le plus souvent
Pour soulager les infortunes,
Et Daudet aime en ce moment
Ses *Prunes* dites pour des prunes.

La marionnette qui les représentait avait une double face ; comme les Lionnet se ressemblent énormément, le même moule avait servi pour l'un et pour l'autre. Mais je n'ai jamais pu savoir en montrant l'un ou l'autre lequel des deux je faisais parler.

XXI

ÉMILE DE GIRARDIN

La paix et la liberté !

Sans paix, point de liberté !

Sans liberté, point de paix !

Qu'est-ce que la paix ? — La formule de la liberté.

Qu'est-ce que la liberté ? — L'expression de la paix !

La paix termine tout, dénoue tout, tranche tout, résout tout, fonde tout.

La liberté fonde tout, résout tout, tranche tout, dénoue tout, termine tout !

Si donc, dans un État, l'on veut fonder tout, résoudre tout, trancher tout, dénouer tout, terminer tout,

Il faut employer la paix,

Il faut employer la liberté.

La liberté sans paix équivaut à la paix sans liberté.

Paix, liberté ! Liberté, paix ! Tout est là !

A demain la seconde idée !

Parfois on bissait cette petite tirade, alors j'annonçais la seconde idée... mais je redisais la première

XXII

GUSTAVE COURBET

Air : *Alleluia,*

Alleluia ! alléluia !
Tous les curés sont gros et gras,
Mais au Salon on n'en veut pas,
Alléluia !

Courbet, qui alors n'était que peintre, venait d'achever son fameux tableau, *le Retour de la Conférence*, qui fut refusé au Salon à cause du sujet. Je l'avais représenté en manche de chemise, la pipe à la bouche, et peignant avec un couteau.

XXIII

ÉMILE OLLIVIER

Parodie de *La Feuille*, d'Arnault.

— De la *Gauche* détachée
Pauvre feuille desséchée,

Où vas-tu? — Je n'en sais rien !
Je viens de briser la chaîne
Qui seule était mon soutien !
Pour me tenir en haleine
Le ministre, ou Darimon,
Depuis ce jour me promène

De la forêt à la plaine,
De la Montagne au vallon.
Je vais où l'espoir me mène,
Et rien ne peut m'effrayer ;
Je vais où va toute chose,
Où va la feuille de rose
Et la feuille d'olivier !

XXIV

JOSÉPHIN SOULARY

SONNET

Parodie des *Deux Cortèges*.

Deux vrais hommes se sont rencontrés sur la terre,
L'un est préfet, — il gère un grand département,
Il a des employés venant assidument
Au bureau, le matin, et prenant l'air austère !

L'autre, c'est un poète! — A son bras mollement
La Muse aux cheveux d'or, en tunique légère,
Murmure un doux sonnet, une strophe *éphémère*...
Et le poète écoute avec ravissement!

L'un chante, l'autre gère! — Ainsi le jour se passe.
Les deux hommes alors se croisant sur la place
Échangent un coup d'œil, qu'on ne prévoyait pas.

Et — merveilleux retour commun à la nature! —
Le poète soudain entre à la Préfecture
Et le préfet s'en va la Muse sous le bras!

Avant d'avoir taquiné son département, M. Chevreau avait jadis taquiné la muse ; et Soulary était, on le sait, un des chefs de bureau les plus aimés de la préfecture de Lyon. Voici le sonnet *les Deux Cortèges*, que j'ai parodié. Je le reproduis ici pour excuser la parodie.

DEUX CORTÈGES.

Deux cortèges se sont rencontrés à l'église ;
L'un est morne, il conduit la bière d'un enfant.
Une femme le suit, presque folle, étouffant
Dans sa poitrine en feu le sanglot qui la brise.

L'autre, c'est un baptême. — Au bras qui le défend
Un nourrisson gazouille une note indécise ;
Sa mère, lui tendant le doux sein qu'il épuise,
L'embrase tout entier d'un regard triomphant!

On baptiste, on absout, et le temple se vide.
Les deux femmes alors, se croisant sous l'abside
Échangeant un coup d'œil aussitôt détourné.

Et, — merveilleux retour qu'inspire la prière, —
La jeune mère pleure en regardant la bière,
La femme qui pleurait sourit au nouveau-né !

J. SOULARY.

XXV

AL. DUMAS FILS

Messieurs ! je ne dis pas mesdames !
Vous m'en voulez, je le conçois.
Jadis je critiquais les femmes
Et vous rédigeais des réclames,
Je fais l'inverse cette fois !

Vous vous rappelez ces soirées
Où vous veniez voir trépasser
Les Marguerites éthérées
Qui, dans nos âmes déchirées,
Hélas ! n'avaient fait fait que passer !

Et ce Demi-Monde frivole
Dont je flétrissais chaque jour
Le cœur froid, l'amère parole...
Comme si le mépris console
Ceux qui meurent de leur amour !

Vous m'avez vu, partout, sans crainte
Chercher la femme et signaler
Son fard, — si je la trouvais peinte ;
Sa ruse, — en découvrant sa feinte ;
Son désir... prompt à s'envoler !

Maintenant, Parterre idolâtre !
A la fois sceptique et moqueur
Viens encor ! — non plus au théâtre ! —
Je te mène à l'amphithéâtre
Et je vais disséquer ton cœur !

Je vais le mettre sur la table,
Mon scalpel d'acier va l'ouvrir ;
Tu verras ce dont est capable
Le cœur de l'homme, — ton semblable !
Apprêtes-toi donc à souffrir !

J'entends déjà monsieur Prudhomme
Qui dit, grave comme un censeur :
— « Il ne faut pas toucher à l'homme !
Car vous en êtes un, en somme ! » —
— Soit ! mais je suis un trahisseur !

Notre égoïste confrérie
Où le faible fait le malin,
M'agace à ce point que je crie !
Allons ! plus de supercherie !
Tiens-toi bien, sexe masculin !

Oui! je te trahis sans vergogne!
Tout ce mal fait frivolement,
Ces serments, retour de Gascogne,
Ont bon dos!.... Et dessus je cogne!
Et je fais bien, assurément!

Je sais ce que vous allez dire :
C'est faux! Exagéré!... — Ma foi,
Riez-en, s'il vous plaît d'en rire
Ou liguez-vous pour me maudire...
Mais... les femmes seront pour moi!

Ces vers servaient de prologue à une parodie de *La Visite de noces*.

XXVI

CROIZETTE-SPHINX

Madrigal funèbre.

Quoi! c'est vous, Croizette adorable!
C'est vous qui, convulsant vos yeux,
Appelez la mort implacable
Avec le Sphinx mystérieux!

Quoi! c'est vous le charmant caprice
Dont la bouche, jadis en feu,

Dans un spasme mortel se plisse?
Oh! l'étrange et funèbre jeu!

En voyant vos lèvres pâlies,
Tous les amours ont pris le deuil
Et de leurs ailes affaiblies
Se couvrent comme d'un linceul!

Croizette, est-ce vous? O cruelle!
Pourquoi nous faire ce tourment?
Quand on est si fraîche et si belle
On peut bien mourir autrement!

Je vois toujours comme en un rêve,
Vos cheveux du peigne échappés
Couvrant un sein qui se soulève
Sous votre main aux doigts crispés!

Je vois cette dernière lutte
Où votre âme se montre à nu;
J'ai le vertige de la chute
Qu'on doit faire dans l'inconnu!

J'ai peur! Je crie et me réveille
Et je vois cet autre portrait
Où vos cheveux d'un blond d'abeille
Ornent un front d'un blanc de lait!

D'où vous vient donc cette science?
Ainsi que le spectre fatal,
La mort! qui lentement s'avance
De lit en lit à l'hôpital,

Avez-vous fait cette visite
Et vu, contractant son larynx,
Un infortuné qui s'agite
Sous le baiser fatal du Sphinx?

Ah! quand vous étiez là, ravie
D'observer ce spectacle affreux,
Qu'il devait regretter la vie
En vous voyant... le malheureux!

Ou plutôt un jour, affolée,
Vous avez peut-être, en tremblant,
Visité la pauvre Desclée
Qui vous a légué son talent!

Mademoiselle Croizette, dans *le Sphinx*, d'Octave Feuillet, mourait, comme on sait, d'une façon saisissante. On dit à cette époque qu'elle était allée étudier l'agonie dans les hôpitaux...

La marionnette qui la représentait était à double face.

D'un côté je l'avais faite aussi jolie... non, bien moins jolie qu'elle n'est, et, de l'autre, elle avait une figure convulsée et livide. Une natte de cheveux blonds séparait les deux figures.

XXVII

THIERS ET GAMBETTA

LA CONFESSION

Un Confessionnal.

GAMBETTA.

Mon père, êtes-vous prêt à m'entendre?

THIERS.

Commencez, je vous écoute!

GAMBETTA.

Mon père, je dois d'abord vous dire qui je suis! Je suis un grand coupable.

THIERS.

Moi aussi, continuez!

GAMBETTA.

Je suis sorti des rangs du peuple...

THIERS.

Moi aussi!

GAMBETTA.

Et j'ai voulu sortir de ma sphère. J'ai voulu être quelque chose. L'ambition m'a saisi au cœur. J'ai travaillé, lutté et je suis devenu avocat.

THIERS.

Moi aussi ! Allez toujours !

GAMBETTA.

D'avocat, je suis devenu journaliste, j'ai écrit dans les journaux de l'opposition. Car l'opposition est la voie qui offre le plus de chance aux commençants.

THIERS.

Moi aussi ! Mais si on peut commencer, on peut aussi finir par là. Poursuivons !

GAMBETTA.

Je me suis fait nommer député et j'ai dépassé en violence tous les orateurs de mon parti.

THIERS.

Moi aussi ! mais j'étais plus prudent. Continuez !

GAMBETTA.

Après avoir renversé le gouvernement qui me gênait, je me suis introduit dans celui que j'avais substitué à l'autre. J'ai été ministre.

THIERS.

Moi aussi ! Ce n'est pas un mal. Ensuite ?

GAMBETTA.

C'est un grade bien élevé, mon père, mais comme on n'y est pas plus libre que dans un grade inférieur, j'ai pris en même temps un autre titre qui doublait ma puissance et je me suis fait général en chef!

THIERS.

Moi aussi! Ça réussit quelquefois!

GAMBETTA.

De là à dictateur, il n'y a qu'un pas! Je n'ai pas hésité à prendre cette position.

THIERS.

Moi je me la suis fait donner. Cela valait mieux!

GAMBETTA.

Alors, j'ai eu des jaloux, des envieux! Les uns trouvaient que j'allais trop loin, les autres que je n'allais pas assez vite...

THIERS.

Je connais cela! Qu'avez-vous fait alors?

GAMBETTA.

Pour ne point m'exposer à être battu, je ne me suis point exposé aux coups! J'ai fait agir en mon lieu et place et j'ai réussi, à force d'habileté, d'adresse, de souplesse, et de concessions imaginaires à me faire prendre au sérieux à la fois par ceux qui voulaient aller de l'avant et ceux qui voulaient ne pas aller trop vite.

THIERS.

C'est ce que j'ai fait toute ma vie!

GAMBETTA.

Alors, mon père, je ne suis donc pas si coupable que je croyais?

THIERS.

Mon Dieu, non! Seulement, dans ce moment-ci, méfiez-vous! Vous tournez un peu au *cheval de renfort*, et, quand vous serez au haut de la côte, on vous...

GAMBETTA.

On me mettra de côté, comme l'autre!

THIERS, *se découvrant*.

L'autre. C'est moi!

GAMBETTA.

Lui! en moine! C'est sa dernière métamorphose!

XVIII

JULES FERRY

LA RÉCEPTION DE PÉRIGUEUX (1884)

LE GÉNÉRAL.

Je viens, monsieur le ministre, vous féliciter au nom des officiers de la garnison.

FERRY.

Messieurs, vous savez qu'avant tout
A vous protéger je m'applique;
Aimez la France, mais surtout
Aimez... aimez la République !
En vain vous aurez du talent
Et de l'ardeur patriotique,
Cela n'est rien, si votre élan
N'est pas tout pour la République !
Aimez-la donc avec amour
Ne placez rien au-dessus d'elle;
Le pays peut sombrer un jour...
La République est immortelle !

C'est ainsi qu'on doit parler à l'armée !

LE PRÉSIDENT DU TRIBUNAL.

Je viens, au nom de la magistrature, présenter mes hommages à monsieur le président du conseil.

FERRY.

Messieurs, le temps n'est pas très loin
Où, méprisant un long murmure,
Nous avons, avec un grand soin,
Épuré la magistrature !
Nos magistrats sont tous choisis
Dans le milieu démocratique,
C'est dire qu'ils sont tous unis
Dans l'amour de la République.

Désormais plus d'arrêts trompeurs,
Plus de lois mal interprétées...
A ces juges, nos débiteurs,
Les sentences seront dictées !
C'est donc à leur docilité
Comme à leur esprit politique
Que l'on soumet leur équité !
Tout se tient dans la République !

C'est ainsi qu'on doit parler à la magistrature !

LE MAIRE.

Je viens, au nom des maires du département, présenter mes hommages à monsieur le président du conseil.

FERRY.

Messieurs, je suis tout disposé
A protéger l'agriculture.
Le paysan n'est pas aisé,
Je le sais, et sa vie est dure !
Dites-lui que, pour être heureux,
Il faut avant tout qu'il s'applique,
Moins à l'élevage des bœufs
Qu'à soutenir la République !
Au lieu d'écouter le curé
Qui, dans sa chaire, tonne et crie,
Il faut qu'il aille de plein gré
Porter son vote à la mairie.

Si ses votes sont complaisants
Pour ceux que le pouvoir indique,
Nous nommerons la République
République des paysans !

C'est ainsi qu'on doit parler à la municipalité !

L'INSTITUTEUR.

Je viens au nom des instituteurs du département, présenter mes hommages à monsieur le président du conseil.

FERRY.

Messieurs, vous n'avez pas le sou,
Moi non plus je ne suis pas riche.
Je vous promettrais le Pérou,
— De promesses n'étant pas chiche —
Que vous attendriez longtemps !
Je vous connais et je vous aime !
Et maintenant soyez contents
Et je serai content de même !
J'ose cependant vous prier,
Malgré votre état famélique !
D'avoir la force de crier :
Vive ! Vive la République !

C'est ainsi qu'on doit parler à l'instruction publique.

LE GYMNASTE, *tenant un poids*.

Je viens au nom des sociétés de gymnastique montrer notre petit savoir à monsieur le président du conseil. Quand on travaille devant un ministre, il faut se distinguer et lui montrer des choses qui peuvent lui être agréables. — L'assiette de l'impôt! (*Il tient le poids à bras tendu.*) Je prouve ainsi qu'elle est solidement posée et qu'il n'y a pas de danger qu'elle se casse. — Le rétablissement de l'équilibre européen! (*Il lève le poids.*) Cet exercice est impossible à réussir! Mais ça peut flatter le ministre s'il voit que nous ne réussissons pas mieux que lui! — Le dernier exercice est plus significatif encore! Je l'ai appelé le Triomphe de la République! (*Il fait le moulinet.*) On la voit, dans sa course vertigineuse; elle répand sur tout le monde son influence protectrice. L'audacieux qui essayerait de l'arrêter dans sa course serait infailliblement broyé. Malheureusement le bras qui la soutient n'a qu'une vigueur relative et, à un moment donné, il s'arrêtera et laissera tomber à terre le poids qu'il a cru pouvoir soulever éternellement. (*Il laisse tomber le poids.*)

FERRY.

Si je ne fais pas de programme,
Messieurs, c'est que je n'en ai pas!
Du ministère je suis l'âme,
On n'oserait me mettre à bas!

Je ne crains aucune critique,
C'est grâce à moi certainement

Que notre chère République
Est en épanouissement!

O joie! ô délire! allégresse!
Je vois dans un moment prochain,
La foule immense qui s'empresse
Et qui veut embrasser ma main!

Je vois ces fillettes friponnes
Dans l'atelier, toutes en rond,
En train de tresser les couronnes
Dont on doit me couvrir le front!

Et, dans le creuset maintenue,
J'entends la fonte, au flot mouvant,
Qui doit servir à la statue
Que j'aurai moi, de mon vivant!

. . . .

Et toi, qui dors l'éternel somme
Debout sur ton socle, à Cahors,
Tu ne peux plus, petit grand homme,
Maintenant me mettre dehors!

TROISIÈME PARTIE

CONSTRUCTION D'UN THÉATRE DE GUIGNOL

(Modèle des Pupazzi).

Il semble très facile, au premier abord, de construire un théâtre de Guignol, et, en effet, tout le monde peut jouer dans la baraque très simple dressée aux Champs Élysées, dans les squares et dans les casinos. C'est de celle-là dont je me suis servi en commençant et que j'ai modifiée peu à peu pour arriver à des résultats plus complets.

La baraque ordinaire est une petite guérite carrée ; large de $1^m,50$ environ ; la scène, qui est placée à hauteur d'homme est précédée d'une étroite planchette sur laquelle les personnages posent leurs ustensiles et d'une autre, plus large, fixée à l'intérieur à un mètre du sol, qui est destinée à servir de foyer aux personnages eux-mêmes. Les décors sont machinés à l'aide de fils comme dans les grands théâtres et sont éclairés par des quinquets placés de chaque côté dans les coulisses. De chaque côté de la scène deux lampes éclairent les personnages.

Tel est en deux mots le *castelet* ordinaire.

Décrivons maintenant le *castelet* des Pupazzi, et vous

allez apprécier les modifications que j'ai apportées à ce petit édifice.

LA BARAQUE.

La baraque, ou la cage si vous voulez, se compose de trois châssis en bois léger (peuplier ou sapin) qui sont reliés entre eux par des charnières. Les deux châssis de côté ont $0^m,90$ de large de la base jusqu'à la hauteur de $1^m,50$. Ils n'ont plus ensuite que $0^m,80$ jusqu'en haut. La différence de $0^m,50$ devant servir de support à la rampe. Leur hauteur est de $2^m,90$. Celui du milieu a $1^m,80$ de large et $1^m,50$ de haut.

FAÇADE DU THÉATRE.

La façade du théâtre se pose sur le châssis du milieu et s'accroche dans le haut aux deux châssis de côté. C'est un cadre décoré avec goût qui a sur chaque côté $0^m,15$ de large et un fronton de $0^m,20$ de hauteur. La scène a donc une largeur de $1^m,50$.

Voici donc, sauf la rampe, le théâtre construit extérieurement. Il va sans dire que ces trois châssis sont garnis de rideaux.

Pénétrons maintenant dans le théâtre.

LE RIDEAU.

Occupons-nous d'abord de la face intérieure qui est la plus importante à cause des détails quelle renferme.

En commençant par le haut il y a le rideau qui est fixé derrière le fronton. Il se lève, à l'aide de poulies, à la façon des stores d'appartement. Il est inutile, pensons nous, de décrire ce mécanisme connu et que le premier

PROFIL D'UN THÉATRE DE GUIGNOL.

FIGURE N°7

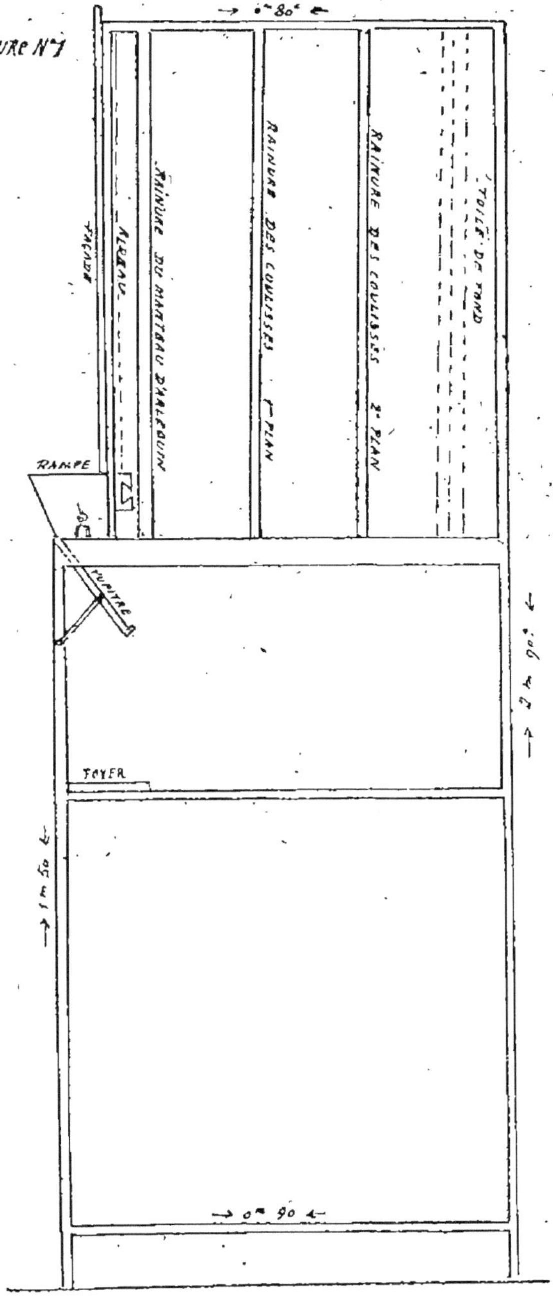

tapissier venu peut établir. Il ne doit pas tomber plus bas que la rampe (fig. 1).

LE PLANCHER.

Le plancher est une des modifications que j'ai apportées au *castelet*. Dans le guignol ordinaire, ce qui sert de plancher est la tablette placée extérieurement au bas du rideau. Elle a ce désagrément, c'est que, lorsque le rideau tombe, les objets qui sont placés dessus restent au dehors. L'adapter intérieurement eût trop reculé les personnages, qui, n'étant déjà vus qu'à mi-corps, n'eussent plus montré que leur tête, j'ai donc cherché autre chose.

Je fixe aux deux côtés du théâtre, immédiatement au dessous du rideau, une baguette de bois de chêne de $0^m,07$ de hauteur sur $0^m,04$ d'épaisseur. Extérieurement, elle est, dans toute sa longueur, fendue par une rainure qui pénètre en biseau dans le bois, en s'élargissant. Somme toute, c'est une longue mortaise, interrompue dans deux endroits pour pouvoir introduire et retirer les tablettes qui y seront fixées à volonté; cette rainure est profonde de $0^m,02$ (fig. 2).

LE PUPITRE.

Au-dessous du plancher, une planchette servant de pupitre est fixée au niveau de la rampe, à l'aide de charnières qui permettent de l'élever à volonté. Elle reçoit toute la lumière de la rampe et tient toute la largeur de la scène. C'est là-dessus qu'on place le manuscrit de la pièce, pour remplacer le souffleur, si besoin est (fig. 1).

LE FOYER.

Plus bas, à la hauteur de la taille, on fixe une planchette qui tient aussi toute la largeur du théâtre et sur laquelle on place les personnages qui doivent entrer en scène, ainsi que ceux qui viennent d'en sortir, les accessoires, les meubles, etc... (fig. 1).

LE MANTEAU D'ARLEQUIN.

Le manteau d'arlequin se fait en trois morceaux. Celui du haut est en toile peinte représentant une draperie rouge. La toile est cousue à une tringle de fer de la largeur du théâtre et coudées aux deux extrémités. On la fixe au sommet des deux châssis latéraux dans des trous ménagés à cet effet à $0^m,02$ du rideau. Les côtés, en bois peint, s'accrochent à droite et à gauche, juste derrière cette draperie. Ils glissent dans des rainures barrées en haut et en bas par une légère bande de fer. Les rainures sont fixées, intérieurement, aux châssis. Un crochet les maintient en haut et une bande de fer les consolide en bas (fig. 1).

LES COULISSES.

Même système que pour le manteau d'arlequin. Elles se placent à $0^m,20$ en arrière de celui-ci. Il y a donc deux plans de coulisses (fig. 1 et 3).

LA TOILE DE FOND.

La toile de fond, qui doit avoir $1^m,40$ de hauteur sur $1^m,60$ de largeur, est tenue rigide par deux tringles de fer l'une en haut, l'autre en bas. Celle du haut est coudée aux deux extrémités pour pouvoir être fixée au sommet des châssis latéraux à la distance qu'on veut en arrière de la dernière coulisse. A cet effet un certain nombre de trous est ménagé au sommet des deux châssis latéraux.

D'autres trous sont aussi ménagés sur ces châssis en avant de chaque coulisse pour y fixer des draperies destinées à masquer les découvertes (fig. 1).

L'ÉCLAIRAGE.

1º LES PORTANTS. — Derrière chaque coulisse à droite et à gauche sur la rainure qui retient les coulisses, accrochez à un clou *ad hoc* un système d'éclairage dont voici la description.

Prenez une feuille de fer-blanc de $0^m,22$ de hauteur sur $0^m,17$ de largeur. Pliez-la en deux en angle droit de façon qu'un côté ait $0^m,10$ de large et l'autre $0^m,07$. Fermez la base de cet angle par une feuille de fer-blanc percée d'un trou au milieu. Ce trou est destiné à recevoir un tube dans lequel se trouve un ressort qui doit maintenir à hauteur toujours égale la bougie qu'on devra y mettre (système d'éclairage des voitures) (fig. 4).

2º LA RAMPE. — Une autre modification que j'ai apportée aux castelets, c'est la rampe. Les personnages, en effet, ont besoin d'être éclairés par en bas, comme au théâtre et la suppression de la tablette facilite cette innovation.

Faites construire en fer-blanc une gouttière à angle obtus de la largeur du théâtre, large de $0^m,50$ sur le côté qui doit recevoir les tubes de bougie et de $0^m,15$

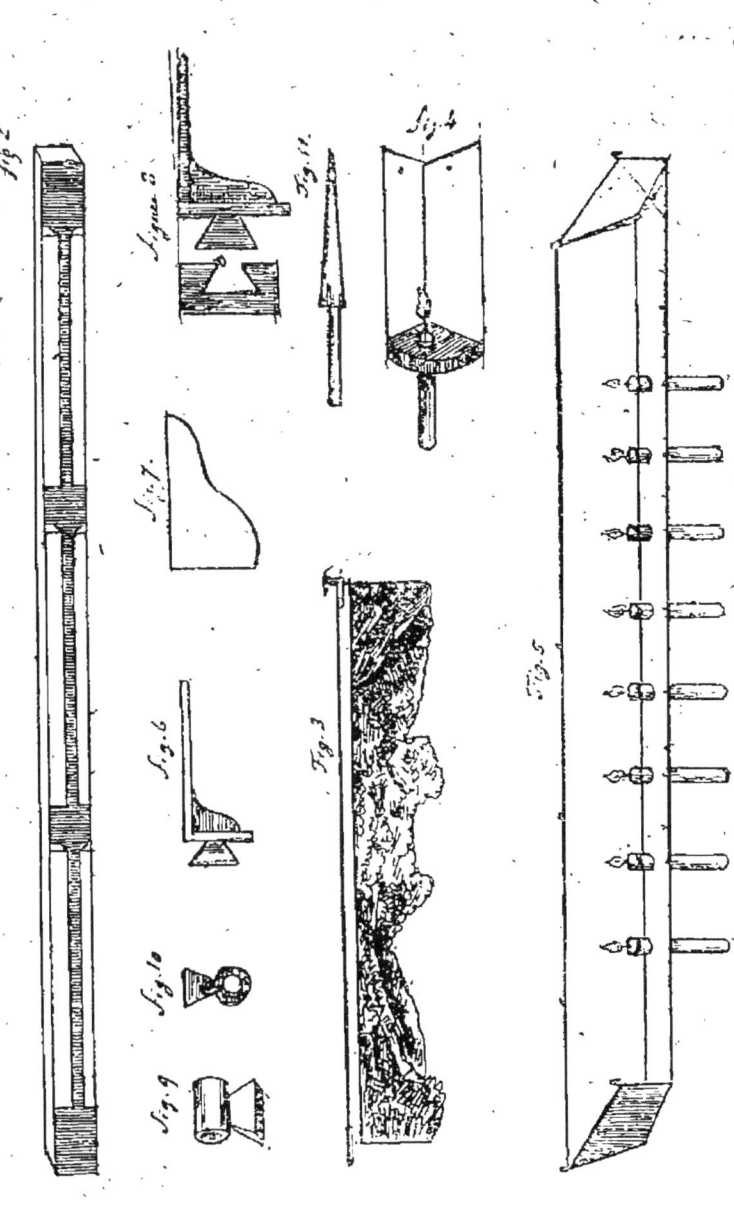

ACCESSOIRES DU THÉATRE DE GUIGNOL.

sur le côté en biais qui sert de réflecteur. Percez de huit trous à égale distance, dans l'espace que comprend la toile d'avant scène, le côté de 0^m,50 et placez-y huit tubes de bougies. Les deux côtés de cette gouttière devront être fermés.

Sur la crête de cette gouttière, vous ferez souder un certain nombre de boutons destinés à retenir la draperie inférieure qui doit cacher votre théâtre (fig. 5).

ACCESSOIRES DU PLANCHER.

Il ne nous reste plus à décrire que les accessoires indispensables du plancher qu'on pourrait, par extension, appeler les praticables. Il y en a de deux sortes : ceux qui sont destinés à soutenir les meubles et ceux qui doivent soutenir les personnages.

Les premiers sont des petites planchettes échancrées d'un côté pour ne pas envahir la scène et accrocher les personnages par leurs arêtes vives. Elles sont munies d'un appendice en bois taillé en biseau et s'adaptant exactement dans la rainure. On les place où l'on veut. Il en faut au moins deux : une pour la droite, l'autre pour la gauche. Les personnages se meuvent au milieu d'elles sans difficulté (fig. 6, 7, 8).

Les seconds consistent en un anneau en bois qui s'adapte à la rainure à l'aide de l'appendice en bois taillé en bizeau dont j'ai parlé tout à l'heure. Le guignol est fixé sur une tige en bois, dont la partie inférieure est moins épaisse que la supérieure afin de pouvoir se tenir dans l'anneau (fig. 11).

Tel est l'instrument avec lequel vous ferez passer de

bons moments à la jeunesse et même aux grandes personnes. Quant aux pièces et au jeu des auteurs, c'est votre affaire. Chacun joue avec son tempérament. Je ne vous recommanderai qu'une chose, si vous voulez réussir, c'est de ne pas chercher à vous amuser; tout l'art des guignols consiste à amuser les autres.

FIN

TABLE

PREMIÈRE PARTIE

HISTOIRE ANECDOTIQUE DES MARIONNETTES

I. — INTRODUCTION. — Noms des marionnettes dans tous les temps et dans tous les pays........ 1

II. — HISTOIRE ABRÉGÉE DES MARIONNETTES depuis Louis XIV jusqu'à nos jours. — Le spectacle des Pygmées, des Bamboches. — Le théâtre des grandes marionnettes étrangères. — Pierrot Romulus. — Les Marionnettes valmondoises. — La foire Saint-Laurent. — Polichinelle comte de Paonfier. — Les comédiens praticiens français : Fourré, Nicolet, Bienfait. — Les grandes marionnettes. — Les Fantoccini italiens et français. — Les Porenquins. — Le théâtre des Pantagoniens. — Le théâtre des Lilliputiens..................... 7

III. — MARIONNETTES MODERNES. — A Paris : Guignolet, Bobino, Bambochinet, Gringalet, le vrai Guignol, le polichinelle, le Guignol des Batignolles. — A Lyon : Les guignols de la galerie de l'Argue, de la place des Célestins et du quai Saint-Antoine. — Répertoire des différents Castolliers. — Prix de location des théâtres de Marionnettes, leur orchestre, leurs recettes 13

IV. — DIFFÉRENTES ESPÈCES DE MARIONNETTES. — Marionnettes automatiques, — avec fils cachés, — avec fils visibles. — *Lo Spirito Biribis,* — avec fils invisibles, — de profil avec fils cachés, — mues avec les doigts. — Philosophie du bâton.................................... 19

V. — PRINCIPAUX TYPES DE MARIONNETTES. — Polichinelle. — Punch. — Punch et Judy. — Hanswurst. — Hans Pickelharing. — Jan Klaassen. — Le THÉATRE DE CASPERL. — Guignol. — Karragueuz. — Ranguin. — Pulcinella. — La mère Gigogne. — Pierrot. — Arlequin. — Cassandre. — Le juge. — Le gendarme. — Le bourreau. — Le chat............ 35

VI. — LES AMIS DES MARIONNETTES. — Byron, Gœthe, Haydn, Voltaire, Gounod, Théophile Gautier, Gérard de Nerval, Charles Nodier. — Anecdote. — La pratique. — Le THÉATRE DE DURANTY : *Les plaideurs malgré eux.* — Analyse de la pièce. — Argument de la pièce. — Histoire d'un théâtre de marionnettes...... 77

VII. — LE THÉATRE DE NOHANT. — Personnages. — Répertoire. — *Jouets et Mystères,* pièce de Maurice Sand. — Analyse de la pièce....... 91

VIII. — LE GUIGNOL LYONNAIS — Mourguet. — Le père Thomas. — Jacques Mourguet. — Louis Josserand. — Wuillerme. — Origine du nom de Guignol : Chignolo. — Autre version. — Portrait de Guignol. — Son caractère. — Le Canut. — La Madelon. — Gnafron. — *Mémoires de l'académie du Gourguillon.* — Son diplome. — Ses pièces. — Répertoire populaire de Guignol. — Analyse des *Couverts volés* ; Analyse du *Marchand de veaux.* — Analyse du *Déménagement.* — Citations. —

Scène IX. — Le modernisme. — Pierre Rousset. — Sa poésie. — Extrait de la *Parodie de Robert le Diable*............ 107

IX. — LE PETIT THÉATRE. — La salle de la galerie Vivienne. — M. Henri Signoret. — Mécanisme des poupées. — Le théâtre des chefs-d'œuvre. Répertoire. — Collaborateurs............ 141

X. — LE THÉATRE DE LA RUE DE LA SANTÉ. — Les quatre amis.... et leurs amis. — Association littéraire. — Construction du théâtre. — Premiers personnages. — Fac-similé d'une affiche. — Tronquette. — Sans ordre on n'arrive à rien. — Lettre d'invitation : EPOTIKON ΘEATPON. — Les spectateurs. — Le prologue. — Citation. — Demande de lecture. — *Le dernier jour d'un condamné*. — *Le Suif de Venise* ou la *Chandelle des Dix*. — Analyse du projet de pièce. — La 200ᵐᵉ du *Bossu* à la Porte Saint-Martin. — Parodie. — Citations. — Couplets de la fin. — Les disparus. — Les amours de Tronquette. — La fête d'Auvers............ 149

DEUXIÈME PARTIE

HISTOIRE DES PUPAZZI

I. — Créés en 1863. — Journaux où j'écrivais. — L'enfant malade. — Les images collées sur des boîtes de cigares. — Jouets satiriques. — *Les Diables noirs*. — Premiers essais. — Modifications — Conseil de Gustave Doré. — Les têtes modelées. — Tous les métiers à la fois. 171

II. — LES PREMIERS PUPAZZI. — Les premières pièces. — Répertoire complet du théâtre des Pupazzi. — Bibliographie des Pupazzi............ 183

III. — PREMIÈRE REPRÉSENTATION CHEZ CARJAT. — Ce qu'en dit le *Figaro* et toute la presse. — La princesse de La Tour d'Auvergne et la marquise de Saint-Clou. — La première du *Procès Belenfant des Dames* chez l'avocat Durand. — L'auditoire. — A Vichy. — M. Legouvé et M. Pinard. — *La Sixième Chambre* chez Pierre Véron. — *Le roi Prudhomme.* — Analogies historiques........................... 191

IV. — LES PUPAZZI CHEZ LES SOUVERAINS. — Napoléon III. — Dom Pedro, empereur du Brésil. — Charles III, prince de Monaco. — Le prince Amédée, duc d'Aoste ex roi d'Espagne....... 201

V. — PROFILS ET SILHOUETTES. — Charles Monselet. — Edmond About. — Théodore de Banville. — Louis Bouilhet. — Michelet. — Théophile Gautier. — Alphonse Karr. — Ponsard. — Arsène Houssaye. — Victor Hugo. — Louis Veuillot. — Nadar. — Gustave Mathieu. — Timothée Trimm. — Paul Féval. — Achille Jubinal. — Pierre Dupont. — Rossini. — Jacques Offenbach. — Les frères Lionnet. — Émile de Girardin. — Gustave Courbet. — Émile Ollivier. — Joséphin Soulary. — Alexandre Dumas fils. — Croizette. — Thiers et Gambetta. — Jules Ferry.............. 229

TROISIÈME PARTIE

CONSTRUCTION D'UN THÉATRE DE GUIGNOL...... 295

9010-91. — CORBEIL. Imprimerie CRÉTÉ.

DERNIÈRES PUBLICATIONS

Format grand in-18, à 3 fr. 50 le volume

DE BACOURT — vol.
Souvenirs d'un Diplomate. 1
BRAU DE SAINT-POL LIAS
Ayora. 1
H. CAUVAIN
Le Mari de sœur Thérèse. 1
A. CHABOT
L'Institutrice. 1
GABRIEL CHARMES
Voyage en Syrie. 1
MAURICE DRACK
Le Boudoir bleu. 1
VICTOR DU BLED
Orateurs et Tribuns. 1
FERDINAND DUGUÉ
Théâtre complet. 3
ANATOLE FRANCE
La Vie littéraire. 3
LOUIS GALLET
Notes d'un Librettiste. 1
CORENTIN GUYHO
Les Beaux jours du second Empire. 1

GYP — vol.
Monsieur Fred.
PRINCE LUBOMIRSKI
De Sébastopol à Solférino.
ÉDOUARD MONTAGNE
La Main du mort.
PRINCE NAPOLÉON
Napoléon et ses détracteurs.
A. DE PONTMARTIN
Derniers samedis (2ᵉ série)
J. RICARD
Huguette.
CECIL STANDISH
Nièves.
MARY SUMMER
Le Roi n'est pas le maître. 1
LÉON DE TINSEAU
Plus fort que la haine. 1
HIPP. VERLY
Van Brabant et Cⁱᵉ. 1
PIERRE VÉRON
Paris amoureux. 1

Paris. — Imprimerie A. DELAFOY, 3, rue Auber.

www.ingramcontent.com/pod-product-compliance
Lightning Source LLC
Chambersburg PA
CBHW052239220526
45471CB00001B/115